JARL ALÉ DE BASSEVILLE

Detyra Ime

Vëllimi i parë: Llogaritja

Contents

Parathënie

Disa njerëz besojnë se kalorësia është vetëm një dashuri e së kaluarës, një kujtim i butë për ëndërruesit nostalgjikë, por nuk është kështu. Kalorësia e zemrës dhe e shpirtit ekziston edhe sot. Është një pasuri e trashëguar nga paraardhësit tanë që dinin ta ndërtonin botën në të cilën ne zhvillohemi, por që ne shpesh përpiqemi ta shkatërrojmë për joshjen e thjeshtë të fitimit dhe të fuqisë, ose me egoizëm të pastër individualist. Jarl Alé de Basseville është anëtar i këtyre kalorësve të kohërave moderne, të atyre që ndërgjegjja e të cilëve rritet në nivelin e njerëzve për të zhdukur të vërtetat që do të transformojnë botën aktuale. Ai është personi që denoncon dhe i cili nuk ka frikë nga asgjë: "kjo Europë nxiton në kanalizimet e pakujdesisë dhe të fluturimeve të ndërsjella, duke u krijuar nga institucionet që krijohen nga skemat e vogla zgjedhore". Pasardhës i fuqishëm i mbretit të Anglisë Uilliam Pushtuesi, i kreut të Normandisë Robert Courteheuse dhe i legjendës Guilhelm de Gellone, Alé de Basseville e përjetëson traditën e shkatërruesit të madh të dragoit, jo vetëm duke denoncuar keqdashjet e qeverive tona, por duke propozuar zgjidhje për problemet që na pushtojnë.

I lindur më 8 korrik 1970 në një familje aristokrate të lidhur me industrinë e tregut, ai u trajnua nga një bord jezuitësh nga Franca dhe Helvetia. Princi i kësaj Normandie në Exilei adreson

iv

fjalimin e tij për fiset vikinge, Kelte dhe Gotike që kërkojnë një shpjegim më të thellë në traditat, identitetet dhe kulturat e tyre. Kjo qeveri në mërgim kërkon në mënyrën e saj faktin e të qënit qeveri e justifikuar, qëllimi i të cilave është rikuperimi i pushtetit në vendin me të cilin ai i referohet, për t'u kthyer tek populli i tij: kjo është vetëm detyra e tij.

Jarl Alé i Basseville është gjithashtu një artist dhe një fotograf i arrirë. Gjatë karrierës së tij, ai ka qenë pranë artistëve më të njohur si Andy Warhol, Lucchi Renato Chiesa, Jane Fonda, Tom Cruz, Lugina Kilmer, Brad Pitt, Michael Jackson dhe Marilyn Manson. Më 31 korrik 2016, ai krijoi një tërmet të vërtetë politik të famshëm e ndërkombëtar, duke rënë dakord të publikonte fotot që ai kishte marrë nga Melania Trump, lakuriq, në New York Post në një nga gazetat më të fuqishme amerikane konservatore republikane.Njësoj si Kalorësit e Tryezës së Rrumbullakët, Jarl Alé de Basseville ndjek rrugën e tij në këtë tokë të huaj në kerkim të Gralit i cili do ti rikthejë shpresën botës. Nëpërmjet fjalëve të tij, ai vazhdon tu bërtasë atyre që na drejtojnë, me qëllimin e vetëm për të rivendosur ekuilibrin në botën tonë: "udhëheqësi duhet të jetë çimentoja e besimit të bashkatdhetarëve të tij dhe të pranojë këtë detyrë që i është dhënë: komb në rangun që ai meriton ".

Guy de BOUILLANNE
themelues i Lëvizjes Republikane në Kebek

Parathënie

"*Për nipin tim, si fisnikë ne nuk kemi të drejta, vetëm detyra.*"
- *Albert de Basseville*

Kështu që vendosa të shkruaj dhe të shpjegoj jo vetëm qëllimet e lëvizjes sonë, por edhe për gjenezën e saj. Përveç kësaj, kam mundësinë të krijoj formacionin tim. Kjo do të ishte e mundur të mbahej në bazë të legjislacionit të shpallur nga shtypi. Po ju drejtohem kështu fiseve Vikinge, Kelte dhe Gotike të lëvizjes sonë, të cilat kërkojnë një shpjegim të plotë të traditës, identitetit dhe kulturës sonë. Nuk është e panjohur për mua se kjo është fjala, shumë më tepër se librat që fituan njerëzit: të gjitha lëvizjet e mëdha historike janë kryesisht për shkak të folësve sesa të shkrimtarëve, megjithëse atje janë lindur ideologji. Nuk është më pak e vërtetë se një doktrinë që nuk mund ta shpëtojë unitetin e saj dhe konsistencën e saj nëse nuk është caktuar me shkrim njëherë e përgjithmonë.

Jarl Alé de BASSEVILLE

One

Shtëpia dhe Familja

25 Tetor 2012

*K*am pasur fatin e mirë që të lind në Bordo, qytet me një të kaluar sa të mundimshme dhe aq të pasur në historinë e luftërave dhe tregjeve të lidhura me portin e saj. Evropa duhet të bëhet përsëri atdheu i madh Kelt dhe kjo nuk do të ishte në përputhje me asnjë arsye ekonomike. Jo, absolutisht jo : edhe nëse bashkimi, ekonomikisht, është i parëndësishëm ose madje i dëmshëm, duhet të ndodh gjithsesi. I njëjti gjak i përket së njëjtës Perandori. Populli Viking nuk do të ketë të drejtën e pjesëmarrjes politike derisa t'i ketë bashkuar të gjithë djemtë e tij në një shtet të vetëm. Plaga do të jetë atëherë shpata, dhe lotët e luftës do të prodhohen në të njëjtën kohë dhe në të ardhmen do të jetë e nevojshme. Dhe kështu më dukej qyteti im: si simbol i një detyre të madhe. Ai ka kapituj të tjerë në fuqi, në kujtesën tonë. Kam jetuar në këtë qytet të rrethuar nga gjyshërit e mi dhe nga një familje e fuqishme, e cila u shkatërrua në kurriz të luftimeve për të pushtuar Evropën Perëndimore, e cila pretendonte të mbronte të drejtat e kapitalit nga ultra-liberalizmi amerikan.

1

Vetëm bastioni i komunizmit në Evropën Lindore dhe fantazmat e tij të këqija. Prindërit e mi mungonin në pikëpamje të këtij problemi, por nuk ka rëndësi, sepse kjo ka forcuar shpirtin tim luftarak dhe etjen time për të mësuar. Gjyshi im qëndronte me mua, pasi vetë ai ishte privuar nga gjithçka për shkak të kësaj lufte të ndyrë, që ishte përhapur në të gjithë Evropën. Jo vetëm nga krimet por edhe nga përfshirja e saj politike. Do të ishte shumë e vështirë të thuhej se cila ishte jeta, para lindjes sime, e këtij gjyshi, ose babai që ai ka qenë për mua. Por nuk do të ishte e lehtë për të përshkruar atë që ai kishte bërë. Ai ishte kryetar i disa shoqërive dhe fondacioneve dhe u quajt "Z. President". Në biznes, ai u quajt «Baron». Por gjithashtu, ai donte të ndihmonte të dobëtit që nuk mund të mbronin veten. Dhe ai lejoi që disa ta thërrisnin atë «Berty»; ishte shumë qesharake të shihja këto personalitete duke kaluar vazhdimisht prej «ju» ose «Ju» dhe «Z. Berty». Kjo kishte një ndikim të madh mbi mua në rininë time dhe hap pas hapi, mësova të gjitha detyrat dhe përgjegjësitë për t'u bërë një shef. Më kujtohet akoma dita kur kërkova të punoja në një klub nate - që ai e quajti «klubi i vallëzimit» dhe që për gjyshen time është një vend i pijes dhe i vajzave striptiste - por ishte vullneti im për të provuar se paratë mund të fitohen vetëm natën, gjë që i bën njerëzit të ëndërrojnë dhe ata që punojnë në mëngjes, imagjinojnë se gjithçka është e mundur gjatë natës.

26 Tetor 2012

Nëse kam mësuar ndonjë gjë nga gjyshi im, është që ai më mësoi se çfarë do të thotë të jesh «fisnik» në mënyrën që kemi vetëm detyra, por jo të drejta. Dhe ky është njeriu i dashur, i cili pas një të shkuare të madhe, nuk pushoi kurrë së kujdesuri për ne dhe veçanërisht për mua, ky nip i cili iu përgjigj pyetjes së tij

«Çfarë do të dëshiroje të mësoje?» «Dua të di gjithçka». Dhe më pyeti sërish: «Po, por pyetja është çfarë?» Dhe unë, duke thënë «gjithçka !!!!» derisa ai më shpjegoi (duke më shikuar me sy të ndezur) që ishte e pamundur të dije gjithçka. Dhe duke parë zhgënjimin tim, ai më bleu një libër prej lëkure dhe ari, të lidhur. Fakti është se kurrë nuk kam menduar për të ardhmen time. Kam jetuar në një botë joreale, ku isha princi i llastuar nga një familje e admiruar. Megjithatë, nuk mbaj mend pse. Kam pasur mendimet e mia dhe ndjeja në veten time një vendosmeri për të kuptuar politikën dhe ekonominë, një pasion gjithëpërfshirës për gjeografinë, kur isha përpara anijes së stërgjyshit tim, që shkoi nëpër botë disa herë, gjurmët e kuqe në kartelën e dëmtuar nën xhamin e hyrjes së shtëpisë, përmblidhte këtë Viking të fuqishëm.Unë isha midis fuqisë dhe paqes, si një shqiponjë që ulet në një liqen, megjithëse, në çdo kohë, ajo mund të turret drejt një preje të re. Më pëlqente të këndoja, muzika, të pikturoja dhe kam lexuar me pasion të gjitha vëllimet e Luftës së Parë Botërore. Unë isha i apasionuar për Vatikanin dhe gjithë dekorin e tij. Atje, njoha Kardinal Guyot,që u bë një mik dhe unë shërbeva si një djalë i korit për disa vite, çdo të mërkurë. Kaloja pasdite të gjata me të. Më tregonte për Kishën para Vatikanit II. Doja të isha Papë. Jo prift. Jo. Papë nën emrin Aleksandri VIII, një nga emrat e mi dhe rangu im i 8-të. Por unë jetova në një kohë konfuze, ku Europa u nda në dy: një pjesë e quajtur Perëndimore dhe një pjesë e quajtur Lindore. Njëri ishte liria dhe kapitalizmi, tjetri, ishte burgu dhe komunizmi revolucionar stalinist pas Hrushovit. Me pak fjalë, të dyja botët, ose dy blloqe, ishin fusha beteje e dy përbindësha: amerikanët dhe rusët. Dhe pse e morëm tokën tonë si një «kalë lufte»? Prej asaj dite e më pas, mendova se një lider i vendit që do të sulmonte një udhëheqës tjetër të vendit, ai thjesht duhej ta bënte atë në një ring boksi! Në të kaluarën, një fisnik

3

mund të luftonte kundër një tjetri për ta marrë tokën e tij dhe unë e perceptova budallallëkun e atyre njerëzve që na udhëheqin për pronën e tyre personale. Gjyshi im pyeste veten se si do ta kaloja çdo ditë në luftën e vazhdueshme me shokët e shkollës. Familja ime më dërgoi në një shkollë konviktesh dhe atje, më në fund kuptova se çfarë ishte seksualiteti. Dhe po, nuk ishte koha 'e djemve të shkollës' dhe të përzierit ishin atje për një kohë të gjatë. Por, gjyshi im kurrë nuk e imagjinonte këtë, duke qëndruar në pikëpamjet e tij rreth shkollës së vjetër ...

29 tetor 2012

Vendimet e gjyshit tim ishin gjithmonë të vetëdijshme dhe të peshuara; ndjenja ishte gjithmonë aty, gjë që askush dhe asgjë nuk mund ta kundërshtonte. Ai ishte një njeri i mirë dhe i drejtë, me durimin e Basseville-ve, thuhet mes kushërinjve. Lufta e Dytë Botërore e bëri një njeri të ndryshëm, edhe nëse ai nuk e kishte humbur arsyen e ëndrrës, ai ende dëshironte të vështronte nëpër këto kohë të vështira dhe sprovuese në jetën e një njeriu. Në ato kohë, fëmijët nuk mund të vendosnin, ndersa ai donte të më jepte gjithçka që ishte e ndaluar në rininë e tij dhe më lejoi të marr jetën dhe karrierën time, në duart e mia. Por megjithatë ishte e sigurt se ky njeri pa diçka të veçantë te unë, që e bëri edhe atë të jetë tolerant, në të kundërt ai kurrë nuk do të më kishte dhënë besimin e tij ashtu siç bëri. Siç thashë më parë, ai ishte i mbushur me një ide të qëndrueshme se jeta ishte detyrë dhe duhej të dinte si ta mbronte atë.

Kam zbuluar «jo-në» dhe dëshirën për tu revoltuar kundër urdhrave, për të emëruar të tjerët dhe bashkuar vendet lindore, ku - për vite - kaosi dhe fatkeqësia e këtyre armiqve të panjohur mbretëroi.

Gjithashtu, kam zbuluar dy botë: publikun dhe privatin. Ju ishit një shërbëtor civil ose publik ose një sipërmarrës, nuk kishte asnjë dyshim për këtë dhe maji i vitit 1968 ia kishte dhënë fuqinë fëmijëve të shkencave politike që të ishin pak nga të dyja. Doja të jetoja jetën time dhe nuk do të shihja asnjërën prej atyre që e shpenzonin kohën e tyre për të inkurajuar një manovër që, duke qenë jo e shkrirë, kishte humbur dobinë e saj. Po, bota ndryshon me gjithë shpejtësinë dhe ishte e mjaftueshme për të marrë avionin e për ta realizuar atë! Kam mësuar aq shumë në familjen time midis gjyshërve të mi, hallave dhe xhaxhallarëve aq sa u mërzita në shkollë. Thjesht sepse kisha një kujtesë fotografike që më lejonte të mësoja një poemë për dy minuta. Historinë apo cdo leksion që duhej mësuar. Për këtë arsye e doja latinishten... imagjinoj që armiqtë e mi do të bëjnë gjithçka për të gjetur dicka kundër meje në gjithë këtë rini dhe nuk kam nevojë që ata të thonë se unë shkova nga një shkollë në tjetrën për shkak të sjelljes sime që nuk ishte e padisiplinuar por thjesht ëndërrimtare. Dhe po, unë isha i lodhur nga dëgjimi i këtij profesori të varfër që dobësoi gjuhën Sheksipiriane, prandaj preferova të imagjinoj Uilliamin në mesin e grave dhe burrave që shfaqin, sesa të zhytesha në mesjetë. Doja, në vetë veten time, të luftoja. Por pse ? Si? Në të njëjtën kohë, një mësues i artit vizual, i cili ishte edhe në artet e bukura, u frikësua nga vizatimet dhe pikturat e mia. Duhet të them se isha një entuziast i lëvizjes ekspresioniste «Die Brücke» (Ura) që përmbledh vetveten gjendjen e re të lavdisë në pikturën bashkëkohore pas revolucionit «Dada». Piktura më lejoi ta pranoja veten dhe ta harroja atë. Kështu që unë e hodha veten në këtë strehë të çmendurisë që më shpetoi. Së paku në atë kohë, mendoj.

Arti dukej e vetmja mënyrë për të dalë në këtë jetë që nuk e kuptoja dhe e cila i bëri jehonë vetëm fjalëve «asnjë të ardhme» në kokën time. Duke menduar se kurrë nuk mund ta shihja vitin 2000 që dukej si një gojë e madhe mamuthi. Pra, unë kisha për të "ndërtuar" veten. Po, por si? Si jeta që rrotullohej rreth meje, më la pa hije dyshimi, ku prisja diçka tjetër që të më pajtonte me veten time. Që atëherë, vendosa të udhëtoja nëpër botë dhe dëshiroja të bëja maksimumin e përvojave.

30 tetor 2012

Gjyshi im ishte krenar që mund të shprehja vetveten përmes krijimtarisë artistike dhe ai pa tek unë, supozoj, mundësinë që ai nuk pati për të sfiduar ëndrrën e tij për shkak të kësaj lufte botërore, e cila kishte shpërqendruar gjithçka dhe e kishte vënë atë para një mënyre të tmerrshme për të pasur një jetë me gjithçka që mund të ketë pasoja. Ai vendosi të më shtyjë dhe të më ndihmojë edhe pse kishte dyshime për një rrugë që nuk mund të ishte e qartë. Biseduam për këtë, por nuk pashë ndonjë të ardhme. Se ajo cfarë ai i frikësohej më shumë ishte ... që unë të bija në një valë të pakontrolluar droge. Ai e pyeti tezen Caroline, e cila kishte në pronësi një kompani prodhuese të filmit CSF, për të më marrë për stazhe dhe për të parë nëse unë përshtatesha me këtë mjedis i cili nuk ishte imi. Rekomandimi ishte shumë i vështirë dhe unë nuk duhet ta zbuloja identitetin tim te askush. Kështu, të drejtën për të riemëruar emrin: Alé, që vjen nga Alesund, një emër norvegjez Viking dhe që jep me pas emrin Aleksandër, sepse Franca ndaloi cdo emër që lidhej me ndonjë shenjtor ... Kontradiktore për një shtet laik! Halla ime vuri re se unë nuk po paguhesha dhe më pas do të shihnim se çfarë do të ndodhte. Isha i kënaqur dhe u bëra shpejt - vetëm një ditë më vonë - asistent i dytë i drejtorit, duke u bërë i pazëvendësueshëm. Dhe kur dikush më pyeti për emrin tim, i thashë atij Conversano, emër të cilin e kuptonte vetëm halla ime; dhe kjo është ajo që ndodhi. Mbërrita në dhomën e ngrënies rreth orës 9:00 pas darkës, me prodhimin, para gjyshit dhe hallave që më bënë shumë pyetje, të befasuar por të kënaqur me atë që kishte ndodhur. Atë natë, e dija se do të paguhesha për punën time.

Isha i interesuar për cdo gjë. Dëshiroja të dija gjithcka për cdo gjë, gjë e cila e mërziti gjyshin tim në pikën më të lartë. Një ditë ai kaloi një kohë të mirë për të më shpjeguar se nuk mund të dimë gjithçka për cdo gjë. Sidoqoftë, dëshiroja të mësoja gjithçka dhe kalova kohën duke lexuar, gjë që më shkaktoi probleme me ndarjen me të gjithë personat që ishin në jetën time. Fëmijët më irritonin, të rriturit shpesh ishin shumë budallenj për mua dhe unë gjithsesi iu përkushtova studimit ekumenik. Mbaj mend një ditë, kur kthehem në shtëpi me një rezultat prej 10 nga 20 në fizikë, me një mësues të ri që shënoi ne një mënyrë shumë të veçantë. Përveç rezultatit, u shfaq radhitja jonë, duke numëruar 4 klasa dhe unë isha i pari. Mamaja ime nuk më besoi dhe më sugjeroi ta ndryshoja ose ta fshija notën në mënyrë që të mos ndëshkohesha, ndërsa unë nuk kisha asnjë frikë ... Por ishte gjithnjë historia e një nëne që unë kurrë nuk e pashë dhe e cila me bërtiste dhe më puthte njesoj sikur të ishim afër kur unë nuk mund ta duroja atë. Gjyshja ime shkoi të pyeste dhe i shpjegoi asaj se mësuesi i fizikës ishte i tillë. Ai vlerësoi në këtë mënyrë sepse ai ishte profesor në universitet. Unë nuk e di nëse gjyshja ime ishte e bindur, por atë ditë, kuptova se mësimi ishte thjesht qesharak dhe unë e thosha vazhdimisht në dreka familjare të dielave në mesditë. Si pasojë dhe për shkak të këtyre emocioneve dhe testeve, unë u bëra pak më tepër vetvetja në revoltën e të mësuarit dhe në nevojën për rendin e një bote të humbur që u justifikua nga vështirësitë e të tjerëve. Ishte në këtë kohë kur fillova ta dashuroja politikën dhe dëshiroja ta shikoja atë deri në pikën e zbulimit të mjeteve për të kërkuar të vërtetën. Kam studiuar në fillim të shekullit të 20-të për tu zhytur në Revolucionin Industrial. U bëra regjionaliste dhe kuptova se Europa e Rajoneve, e cila përfundimisht do të bëhej beteja e vetme politike deri më sot. Por unë akoma nuk e dija. Ishte jashtëzakonisht e vështirë të jetonim duke e ditur se ishim të ndarë midis Lindjes dhe Perëndimit për shkak të ilustrimeve.Një nga tregjet : SHBA. Tjetra, ajo e punëtorëve: BRSS. Këto vende jehonin në kokën time si armiqtë e mi. Të paktën jo vetë këto vende, por udhëheqësit e tyre, të cilët më janë dukur si kukulla në televizion. Mbaj mend që kam parë live vrasjen e Al Sadate. Ishte e pabesueshme, e filmuar drejtëpërdrejtë! Atë ditë, kuptova për herë të parë se dhuna dukej si një mur në të cilin do të hidhesha. Menjëherë kuptova qëllimet dhe çështjet që do të ndiqeshin si themeli i qytetërimit tonë. Dëshira ime për të zbuluar Evropën dhe, një ditë, për ta parë atë bashkim; nëse nuk do të kishte Lindje dhe Perëndim, do të ishte që përtej poleve gjeografike, por që do të kishte një Evropë të vetme. Një që ka qenë e ashtuquajtur për shekuj: Perandori (Rajh). Ajo kishte për tu ringjallur në këtë kontinent kulturën tonë të vetme, falë traditës dhe identitetit të tyre që bota na kishte zili. Një ditë, mënyra ime do të ishte të ringjallja këtë Evropë të Rajoneve, e cila mblidhet rreth një qëllimi të vetëm. Njerëzit tanë. E drejta e gjakut.

1 nëntor 2012

Është e qartë se në këtë Evropë të Rajoneve, rivaliteti i kulturave të lashta kujton se ne ishim të organizuar në kështjella në atë kohë, deri në rënien e Perandorisë Austro-Hungareze që përdorte këto mënyra të vjetra jetese. Kalendari ynë na tregon se jemi në vitin 10194. Kjo festë rinovohet nga 21 deri më 25 dhjetor, solstici ynë, rreth një peme bredhi të besimit tonë në Odin, atit tonë. Jemi ndarë në mes të 17,400 fiseve dhe secila prej tyre është ndarë në 100 klane; secili klan u nda në 1.000 familje ose super-familje. Që nga fillimi i kohës, shkolla është fillimi i marrëdhënieve, argumenteve, zilisë e talljeve, por gjithashtu është rezonancë e politikës dhe ajo që prindërit mund të mendojnë. Thirrja për të luftuar është tani për të gjithë këta fëmijë të fiseve Gotike , Kelte e Vikinge, në mënyrë që ata të dinë se i përkasin një populli të zgjedhur nga Æsir. "Dije se je Vik Rajh dhe je pjesë e njerëzve më të vjetër të njerëzimit". Shpirti i rinisë deshiron të dëgjojë një lider i cili përfaqëson të gjitha cilësitë dhe të çon me armë në fiset tona për të rimarrë territoret tona pa ndonjë negociatë apo cfarëdo kompromisi. Në njëmijë forma, ai do e çojë luftën për të qenë i lirë në simbolin e mbrojtur nga William Wallace dhe me të gjitha armët për të mbrojtur veten. Ai do të refuzojë të këndojë këngë të huaja dhe do të lartësojë lavditë e popullit tonë duke iu referuar të gjitha shenjave dalluese që disa njerëz donin të përdornin për të mashtruar historinë tonë e shekullit të XX. Të rinjtë do të harrojnë luftëtarët e mëdhenj, baballarët dhe gjyshërit tanë që luftuan me gjak për këto arritje. Ai do të mbajë shenjat e ndaluara të popullit tonë dhe traditat tona për të rivendosur mburojat e ndaluara nga rrëfimi i gënjeshtërt i treguar nga gënjeshtarët , duke u shërbyer njerëzve që janë gjithmonë po aq armiq. Prandaj është në reflektimin e vogël të grave të mëdha. Këta luftëtarë që kanë formuar jetën tonë që nga fillimi i historisë, shpesh me një frymëzim më të mirë dhe me një drejtim më të mirë se një grua qe ka qënë duke i dhënë qumështin e saj fëmijës që ne të gjithë kemi qenë. Kështu që unë kam rastin të marr pjesë në luftë. Unë do të thërras "Heil" për simbolet tona pa frikë siç kam bërë që nga fëmijëria ime duke e ditur se kjo është ajo që dua. Unë dua të shoh ëndrrën e familjes sime; me fjalë të

9

tjera: ëndrra e takimit tonë, ne, njerëzit djepi i njerëzimit.

Himni perandorak do të këndohet përsëri dhe do të jetë ideja e krenarisë që ju duhet të nxirrni nga ana jonë për të parandaluar shpërdorimin. Evropa jonë duhet të bashkohet në emër të atyre prindërve të mëdhenj të vdekur për këtë liri dhe dëshirën për të qenë së bashku, dhe familjet tona po kërkojnë Valhalla. Klanet e Evropës rajonalisht mezi dinë ndonjë gjë për racën e tyre, gjuhën e tyre, traditën e tyre dhe kulturën e tyre si një e tërë. Unë ndoshta bëhem fanatik për disa dhe për këtë vullnet të vetëm për të parë vendin tim bosh nga të huajt, sepse kemi ardhur atje, sepse ata të huaj duhet të respektonin paraardhësit e mi dhe jo të pështynin urrejtje në varret dhe varrezat tona. Kam ardhur për të ndarë patriotizëm dinastik dhe racë regjionalizmi, me një prirje të qartë për këtë të fundit. Gjendja e brendshme në Monarkinë e Habsburgëve dhe Bourbonëve solli vetëm revoltë mes nesh, sepse ata e trajtuan jetën politike në një mënyrë: ndani dhe pushtoni. Simbolet e lavdisë mbretërore dhe të perandorisë së kaluar veprojnë për prestigjin e mrekullueshëm që i takon çdo qytetari që nga rënia e komplotistëve të cilët ishin Louis XVIII dhe Marie Antoinette Habsbrug. Në ditën e rënies së Bourbonëve dhe Habsburgëve, thirrja unanime, e cila reflekton sensin e thellë të gjumit në zemrën e secilit, shpjeguar nga edukimi historik, se zërat e së kaluarës flasin butë për një të ardhme të re dhe na bën që të mos harrojmë se Spanja ende vuan dhe është e njëjta familje që tradhtoi dhe i zhyti spanjollët në vrimën e zezë të një krize të humbur, ndërsa te njëjtët Bourbonë u zhytën në luksin e qeverisë që ishte dhënë nga nuk e di se çfarë komiteti dhe nuk u kujdes për ju, qytetarë të zakonshëm. Sot, mësimi i botës historike në shkollat fillore dhe të mesme është krejtësisht e rreme dhe është shkruar nën diktimin e tradhtarëve. Mësuesit duhet të kuptojnë se qëllimi i historisë së mësimdhënies nuk është që të mësojnë datat dhe faktet. Historia është atje për të na kujtuar atë cfarë duam dhe çfarë nuk duam në librat tanë. Mësuesit duhet të luftojnë për të vërtetën cilado qoftë ajo.

2 nëntor 2012

Një pyetje më vjen në kokë: Cila është jeta ime nëse nuk po bëj atë që duhet? A është jeta ime për të jetuar në varfëri, të mbijetojë dhe të shkojë nga shkolla në një punë të paracaktuar nga njerëzit që kanë vendosur për mua, pa një mundësi për tu larguar nga kjo jetë pa ngjyrë, pa dëshirë, pa vizion, të imagjinoj asgjë tjetër veç vogëlësisë për të qenë një hajdut apo teknokratë që vendosin në tavolinat e tyre për jetën tonë dhe luajnë me miliona, ndërsa hanë havjar mbi shpinën tonë? Po, gjithnjë ka qenë kështu dhe nuk ka ndryshim në 100 vitet e fundit. Unë kam qenë me fat që kam në familjen time apo edhe rreth njerëzve që me të drejtë më kanë informuar dhe kanë lënë vullnetin tim të lirë për historinë e vërtetë të popullit tonë dhe për vetëkënaqësinë e kësaj diaspora që na udhëheqë nga hunda dhe na con në drejtimin e duhur. Më kujtohet Kardinali Guyot i cili më foli dhe më bëri realitetin e kujtimeve të historisë, të cilat për shekuj me radhë e kishin udhëhequr botën pa u brengosur për këto të ashtuquajturat grupe që avokojnë përdorimin e tyre sot, por për mua janë probleme, pak a shumë shkallë të gjata, të cilat do të shkaktojnë probleme dhe do të kërkojnë që ne të mbrohemi vazhdimisht. Epo unë them jo! Dhe si disa njerëz them: ndihmoj njerëzit tanë. Natyrisht është e pafat që Etiopia ose Haiti vuan pas disa katastrofave që prekin njerëzit e tyre, por ky nuk është problemi im. Jo, sot unë dua të jap zgjidhje për shoqërinë tonë nga më të rinjtë në familjen më të vjetër dhe më të vjetër si një burim jete dhe besimi të përbashkët. Po Kardinali Guyot më mësoi dhe më preku thellë në zemrën dhe shpirti tim deri në pikën e lotëve, ndjej dhimbje në qoshen e syve të mi, duke mos qenë në gjendje të luftoj dhe të mbledh atë që po përpiqem të bëj sot. Ai më këshilloi dhe më bëri të reagoj në problemet e së kaluarës për të ndriçuar të tashmen, sepse është e qartë se ne ishim duke paguar shpërthimet e revolucionit industrial të shekullit të 19-të. Për të, nderi ishte ndjenja që humbi dhe i dha rrugë ndjenjës së turpit. Dhe pse? Unë ju pyes.

Ishte thjesht një kardinal. Por një njeri që vazhdoi të më thotë se çdo fe duhet të udhëheqë popullin tonë dhe të gjitha tempujt janë bazuar në marrëveshje politike. Laicizmi për të ishte simboli i Vatikanit. Ajo kishte qenë për shekuj e ndarë në dy grupe: njerëz fetarë dhe njerëz që mund të kontrollonin Vatikanin sepse një shtet me tokë, me kushtetutë, me diplomacinë, me bankë … Dhe jo një fe që krijoi koncepte dhe gjithsesi duke u bazuar në thëniet njerëzore dhe jo të forcave kozmike. Por, si të mos harrojmë se këto dinasti pas Ëestphalia-s na treguan tradhtinë e interesave të komunitetit tonë për përfitime të vyera personale të bëra sot nga grupet e huaja për të zbrazur trashëgiminë tonë. Ajo që Vatikani më kujton çdo ditë është që këto grupe interesi të menaxhohen nga konspiracioni i urryer i këtyre njerëzve që ne i kemi mirëpritur si vëllezër dhe ata na kanë tradhtuar për interesat e tyre personale. Dashuria ime për simbolet e popullit tim është aq e fortë sa unë mund të jetoj dhe të vdes për këtë besim. Dhe çfarë është më e bukur se të jetosh për një kauzë? A nuk është problemi i botës dhe i kësaj xhelozie përjetësuar për shekuj me ne? A është e pakonceptueshme që unë të ushqej kushëririn tim, vëllain tim përpara një të huaji? Kjo është ajo që po ju kërkoj. A është një krim për t'i dhënë popullit tim të parit? Pasi kjo e fundit të jetë e kënaqur dhe e plotë, u jap të tjerëve nëse kam akoma dhe vetëm për këtë arsye. Nga Veriu në Jug ne jemi asfiksuar nga të huajt të cilët jo vetëm që fluturojnë, por edhe tradhtojnë doktrinat tona dhe gllabërojnë trupin e njerëzve. Shtëpitë e mëdha luajnë lojën e kalimit te qeverive në Evropë për hir të disa njerëzve që refuzojnë të kontribuojnë në mirëqenien e popullit tonë nën flamurin që paguajnë më pak taksa për të përmbushur nevojat e tyre. Sakrificat e para të parave tona për 20 vitet e fundit kanë qenë më shumë të jashtëzakonshme sesa të pranueshme.

Rinia ime u krijua nga kriza dhe nga një kapitalizëm ultra-liberal në kurriz të burimeve socio-politike të kryera nga luftë-tarët që kanë nevojë për shtetin e tyre dhe jo njerëzit dhe madje më pak unitet. Une mendoj se të paktën jam i sigurt qe në qoftë se politikisht, kjo ndjenjë nuk ka asnjë lidhje me paratë dhe fuqinë, por për pajtimin dhe rezultatin e lavdishëm të popullit tonë. Përmes shkrimeve të mia dhe faqen e këtij libri, ata kanë deklaruar të dhëna për të vërtetën e kompanive evropiane dhe gënjeshtrat e tyre. Por edhe pamundësia e qeverive për t'u përgjigjur pasi nuk janë në gjendje të dinë si të punojnë për sigurinë e tyre sociale dhe janë vetëm marrësit të cilët lejojnë veten të gjykojnë ata që nuk kanë mjetet për këto politika të cilat janë një dhe të njëjtën mënyrë për të.

2 nëntor 2012

Shpëtimi i popullit ka madhështinë e historisë sonë dhe për-faqësimin e tij historik. A duhet t'i kërkoj mbështetësit e mi për të demonstruar zare kjo besnikëri ndaj dinastisë sonë dhe për të mbajtur ngjyrat me zë të lartë dhe të qartë. Dinjiteti ynë vjen nga ndjenja jonë e përvojës rajonale dhe e ndajmë hulumtimin e politikës absolute. Si ta duam këtë Europë sot kur gjithçka është hequr dhe nuk ndjehem në shtëpinë time por në shtëpinë e këtyre të huajve që e kanë dënuar perandorinë timen si të tyren. Këta të huaj kurrë nuk do të kuptojnë se ata janë mysafirë dhe unë do të duhet tu kërkojë atyre që të zbatojnë mënyrën e dhunshme nëse nuk duan të dëgjojnë mënyrën e butë. Por nëse keni ardhur në shtëpinë tonë është për të fituar para! Për të gjetur diçka që nuk mund të keni në vendin tuaj! Ose sepse keni qenë në rrezik për shkak të veprave tuaja! Pra, pse tani merrni rrugët e gabuara duke imagjinuar se kjo tokë gjaku është për ju? Kur ju nuk keni bërë gjë tjetër vecse të na vidhni për të blerë shtëpi apo objekte të tjera për familjet tuaja në vendin tuaj. Ju vidhni vetëm hambarët tanë, grurin dhe na ndotni me racist, ksenofobik dhe të prapambetur.Ju keni krijuar në shpirtin tim urrejtje ndaj jush, sepse ju erdhët për të shkatërruar zakonet e mia duke imponuar tuajat, sikur unë duhet t'i pranoj tuajat sikur ju i pranoni të miat në vendin tuaj. Për mua nderi, guximi dhe dashuria janë simbolet e vetme të lirisë që unë i mbështes dhe e di se këto fjalë përfundojnë në boshllëqe në vetëdijen tuaj. Në shkollë isha i përgatitur për të luftuar këtë histori universale që ju doni të luftoni për demokracinë por nuk mund të më jepni një kuptim për të. Politika e shkollës private të krishterë më ka mësuar rreth planeve të tjera evolucionare, të cilat janë tonat dhe përfaqësojnë betejën tonë të vazhdueshme. Rezultati i fëmijërisë sime ishte ndryshimi dhe polemika në bindjen absolute për të përjetuar entuziazmin e këtyre ekseseve duke e shtyrë një adoleshent në adhurimin e lumenjve të purpurt të një populli të mbështetur nga një popull i gjyshit, i mrekulluar nga një kohë e kaluar në të 30-at dhe që ëndërronte një rend të ri.

Kam kaluar nëpër pubertet? Nuk jam i sigurt; xhaxhai im në mënyrë të përsëritur më tha që edhe sikur të kisha përpara të tjerëve, falë edukimit familjar, gjithmonë kam dashur të jem i pari dhe nuk pushoj kurrë. Kështu u ndjeva i humbur dhe i vetëm, duke u mbështetur në logjikën e librave. Unë duhej të kërkoja në veten time se si mund të jetoja në këtë botë që më është dukur më e shëmtuar nga këto gënjeshtra dhe më keq! Ky absurditet. U bëra piktor për të shpëtuar nga e vërteta e jetës dhe duke më bindur se unë mund të jetoj ndryshimin tim në 1 për qind, pa dyshim që grupet një ditë do të bënin ndonjë gjë për të më lënduar dhe për të marrë armët kundër atyre që shkatërrojnë të pathënshmen. Unë e di se unë isha i mbrojtur nga gjyshërit që donin të më fshihnin të vërtetën, jetën, por që më donin aq shumë saqë do kishin sakrifikuar gjithçka për këtë nip të vogël, i cili ishte një dëshirë e pyetjeve të vazhdueshme, gjithnjë e më i habitur.unë përparova në këtë rrugicë të madhe dhe të pafundme të gështenjave, duke imagjinuar veten se nuk di se ç'të them për jetën dhe të menduarit se gjithçka ngjante me atë që e dija me shqetësimin e një fëmije. Po, unë isha atje vetëm dhe rrethuar nga mijëra njerëz për të shkuar në një vend që do të gjeja në zemër të udhëtimeve të mia dhe që nuk do të ndalet deri në ditën kur të vendos të jetoj jetën time dhe të mos kem më frikë nga vetja ime.

15

Two

Studimi dhe vitet e vuajtjes

5 nëntor 2012

Për mua adoleshenca nuk ishte një kohë gëzimi dhe shprese, por një dëshirë e zjarrtë për të vrarë veten, sepse hoqa dorë nga jetesa në një botë që më dukej e pashpresë. Duhet të them që ishim në vitin 1985 dhe në atë kohë, e ardhmja e korrektësisë politike ishte tejet e padukshme dhe joreale. Kam udhëtuar dhe kam kaluar kohë në New York. Një qytet që më dukej në atë kohë shumë mirëpritës dhe shumë ndryshe! Duhet të them se ky qytet nuk ka të bëjë fare me atë që ju njihni sot ... Për t'ju treguar se siguria atje qe e përhershme. Të gjithë e njihnin njëri-tjetrin dhe pas dy ditësh njohjeje, e dinin se çfarë do të pinin në mëngjes apo në darkë. Shkurt. ishte një qytet përrallor ku ndiheshim sikur ishim larg gjithckaje, sepse nuk kishte laptop, nuk kishte email, vetëm telefona në rrugë me kartat e parapaguara. Por çfarë lirie! Kam lundruar në një mjedis artistik ku të gjithë janë bërë të njohur. Por gjithashtu shumica e tyre kanë vdekur ... Nga sëmundje të tilla si SIDA, por edhe mbidozat. Sa me fat të jetosh ndërmjet tregjeve dhe muzeve!

16

Provova kamerën e filmit Polaroid dhe mësova dhomën dhe u dashurova me atë që u shfaq me kokë poshtë, e cila tregoi një pamje aq të shpejtë. I njëjti kuptim i pikturës. U hodha drejt filmit, nga 8 në 16 mm projektim në pikturë të mureve dhe testi përfundimtar i gdhendjes prej guri ose mermeri ... Gjithçka ishte e bukur. Çdo gjë ishte e mundur. Jetuam pa fjalën "para" dhe politikat e çdo lloji nuk ekzistonin. Vetëm arti dhe krijimi ishin në qendër të debatit, ndonjëherë aq të animuar sa që disa arritën në duar ... Në këtë pikë pushoi. Sigurisht, ne ishim për alkoolin, dehjen, drogën dhe lumturinë. Kënga jonë ishte ajo e La Boheme nga Charles Aznavour që rezononte me ne si e vetmja mënyrë për diktaturën e artit, të identifikuar kështu në manifestin surrealist të André Breton. Mësuesi ynë ishte i qetë por vuante nga sëmundjet kronike sigurisht për shkak të sulmit ne të cilin ai ishte aktori kryesor. Por ai kurrë nuk kishte asnjë fjalë më të fortë se tjetra dhe çdo gjë i kujtonte atij se shpirti njerëzor ka dy funksione: krijimin dhe drejtimin. Kur flisnin për ne, ne ishim "1 për qind" dhe pjesa tjetër ishin vetëm për t'iu përgjigjur shpikjeve të marketingut që u përjetuan me shpejtësi të plotë për të parë se sa larg mund të shkonte njeriu dhe si u bë skllavi i një kompanie që shpërtheu nga ideja e të qënit i lirë. I lirë si një derr në një stilolaps që mund të bënte vetëm një gjë: të hante jashtëqitjen e tij sepse ne kishim vendosur për ta. Ndjenja e vetme që kisha për veten time ishte krenaria. Kur dëgjoj njerëzit që thonë se ata shkuan në një klub nate dhe ata arritën të ktheheshin pas pritjes, unë kurrë nuk e kam bërë pyetjen dhe kam ardhur sikur të isha Apollo, të cilën të gjithë prisnin, duke e bërë erën në fizikën transeksuale dhe të gjithë jetën e egër që i drejtoi këto vende, gjithmonë sikur të ishin skllevër dhe unë e kuptoja më mirë se kushdo tjetër. Unë duhet të them se nëse mjeshtri im i artit më shtyu në një veprim të tillë, tezja Caroline vazhdoi të më inkurajonte për këtë çështje, duke e konsideruar atë si një rrjet publik. Fjalë që nuk ishte përdorur në atë kohë. Por ky komunikim ishte për para! U ndjeva i vetmuar dhe i dobët. Kuptova se detyra ime tanimë ishte të gjeja një moment të vuajtjes së brendshme deri sa në fund të gjej mënyren e vërtetë për të ndarë gjendjen time mendore, nëse ka ndonjë mënyrë për të jetuar gjithsesi ... Unë do të shkruaj disa fjalë te siguruara nga një koleksion i poezive të huazuara nga një vajzë që unë nuk do ta përmend ende emrin, por do ta zbuloj atë së shpejti:

Le désespoir est un espoir / Dëshpërimi është një shpresë
D'un lendemain trahi / Nga një e nesërme e tradhtuar
Pour lequel on vit / Për të cilën jetojmë
Dans un délire inédit / Në një valë të padëgjuar.

6 nëntor 2012

Çfarë ndodh në mendjen e një fëmije? Pse aq shumë urrejtje? Të gjitha këto pyetje, pse ... dhe unë po kërkoj përgjigje. Është e qartë se gjëja e parë që vjen në mendje është hakmarrja dhe si ta bëjmë atë. Dhe pse janë kaq të zemëruar me mua. Mos isha gjë gabim? Dhe pavarësisht kësaj, cila ishte ëndrra ime? Ecja mes artistëve të varfër dhe të vobektë ose të veshur me pizhame për të kërkuar ajrin e diçkaje dhe të cilët nën fuqinë e kundërt, fshehën pacientët e dëshpëruar për famë. Doja të zbuloja këtë synim dhe thirrja u bë gjithnjë e më e qëndrueshme. Unë kurrë nuk e kisha jetuar realisht jetën, derisa u gjeta në Milano, Itali, për të jetuar një jetë artistike që do të kishte mbi mua një ndikim të veçantë. Kam jetuar pranë Firences, Romës dhe Liqenit Varese. Këtu kam zbuluar Musolinin dhe kompleksitetin e industrisë dhe politikës italiane. Iu afrova madhështisë së kësaj bote midis Gianni Versace, dijetarit dhe Raoul Gardini, kujdestarit të Portës së Artë. Dhe me të gjitha këto unë do të njihesha me një pjesë të fshehur të historisë sime në Napoli dhe Bari. Dhe kjo histori e familjes Basseville të Normandisë e ndryshoi përgjithmonë historinë që kisha bërë gjatë atyre darkave të pafundme, të dielave. Krenaria ime u kthye. Nuk është se ajo ishte zhdukur me të vërtetë, por a kisha mësuar që të kisha një? Ndoshta, vetëm pak, kur isha një bojskaut... Është e vërtetë, përmes boksit i kam lenduar shokët e mi në pikën që kam marrë kënaqësi dhe kam kuptuar se sa ajo më ka ndihmuar mua dhe më ka pozicionuar para shefave të cilët nuk më shihnin më si fëmijë, pavarësisht nga mosha ime. Po, unë shkova në Napoli dhe ndjeva sikur të gjithë napolitanët më njihnin se kush isha; kështu u duka si paraardhësit e mi – apo ishte ndonjë shenjë? Në atë kohë, unë vishesha vetëm me vinyl dhe lëkurë. Kisha flokë të gjatë, çizme me majë metalike për të qëlluar (qesh). Pashë emrin tim kudo dhe paraardhësin Robert Basseville i cili e kishte bredhur qytetin cep me cep por që ishte ….. Çfarë ishte ai për mua, për të ardhmen time? Pasi u ktheva në Milano, iu bëra pyetje miqve të mi, i lumtur që e dija se kush isha, më bëri të zbuloja shtëpitë e fshehta të pushtetit dhe shoqëritë që popullojnë paratë dhe pasuritë që quhen komoditete ndër të tjera. "Lundrova" pa e kuptuar , në një ambient të paaprovuar nga njerëzit që ndoshta do tu dukej dyshuese, por që për mua ishte krejtësisht e natyrshme. Doja të isha i thjeshtë, por isha një person i rëndësishëm në shkollat katolike. I pavetëdijshëm për mësimin e Shën John Baptist de la Salle, i cili e zhvilloi të ardhmen e tij, por rrit një urrejtje brenda meje. Kjo ndodhi kur një idiot dy vjeç me i madh se unë, mu kthye një ditë për të më mërzitur me një stilolaps dhe aty kuptova se po ndryshoja kur u hodha mbi të si një vampir i etur për gjak. Unë isha një fëmijë shumë i llastuar, i adhuruar nga gjyshërit që më rritën si një princ. Një fëmijë i cili iu hodh kundër vetes, në këtë jetë të mjeruar dhe kësaj marrëzie njerëzore, që e prezantoi atë me ata, për të cilët më vonë do të luftonte pa u ndalur. Këto vende të lumtura e festive, fatkeqësisht për mua, ishin një kujtesë e gjallë e periudhës më të trishtuar të jetës sime, midis drogës dhe dekadencës sikur të ishim të humbur dhe e vetmja fjalë që dinim ishte "jo e ardhme". Çfarë do të thotë të jesh burrë dhe të bëhesh i rritur? A nuk është në përvojat dhe teprimet e shoqëruara nga thelbi ku bëhet ai që duhet të jetë? A nuk ka një mënyrë që rrëfen midis çdo gjëje dhe gjithçkaje në pavetëdijen kolektive dhe i plotëson "pse"-të, të ashtuquajturat të humbura në problemet e hapësirës së jetesës se çdo njeriu. Unë duhet të planifikoja paraprakisht dhe megjithatë mospërfillja ime e pandërprerë për jetën, do të më çonte në kujdesin e ndikimit të forcave të së mirës dhe të së keqes në këtë botë të etur për tu përplasur me mua dhe do të mbeteshin përgjithmonë të varrosur si llambë e gjenive të zgjuara ndonjëherë në gurët ranor që jetojnë ndërmjet luftërave të përjetshme. Po, u luta me Odin Wottan që më jep forcën për të luftuar dhe për të bërë atë që jeta donte të më bënte: një kalorës.[1]

7 nëntor 2012

Më pas, pyeta veten: a do të mund ky gjeni brenda meje të mbysë frikën e kësaj rinie intriguese dhe joproporcionale deri sa të marrë prej saj mjerimin e ekzistencës njerëzore të përkthyer nga doktrinat e Kantit? A ishte jeta ime vërtetë e njëjtë me të tjerët? Unë nuk isha i sigurtë për vuajtjet fizike dhe ato të cilat u hodhën mbi mua si një valë e pakontrolluar, një valë baticash. Çfarë do të thoshte "social"; në një botë të pafalshme dhe plot përbuzje ndaj artit? Jeta ime ishte ajo e një borgjezi. Fëmija që quhet "djalë i keq". Unë munda, është e vërtetë, te zihesha në shkollë ose të dehesha shumë i ri duke u hedhur në atë që doja. Së fundi, për të përfunduar vetëm. Në këtë rast nuk jam dakord. Dhe përse kaq shumë urrejtje ndaj vetvetes? Nëse kjo është për shkak të këtyre njerëzve që më qortonin, për këto historitë e luftërave që nuk i kisha jetuar. Më duhej të fshihesha për shkak se kisha qenë një besimtar gjerman viking në Rajh. Kam pasur dyshime dhe u përpoqa të kuptoja detyrat që gjyshi më tregoi. Mundësia nuk gjendej vetëm në studime, por gjithashtu doli ne siperfaqe kjo forcë e quajtur inteligjencë, e cila nuk ishte e afërt me të gjithë. Detyra jonë ishte që ta ndanim atë për këto klasa të punës që nuk kishin pasur të njëjtën mundësi si unë. Në fakt, arsyeja për të gjithë dhe të gjitha kërkesat politike, qoftë nga lindja apo nga perëndimi, ishin vepra kundër regjimit të ish-varfërisë. Ata nuk ishin aq krenarë sa për të dhënë një shembull për tu quajtur "teknik sipërfaqësor" për t'i sjellë atij një arsye për të qenë, kur arsyeja e vetme është ekzekutimi i një pune të bërë mirë. Që kur një pastrues rruge nuk u lejua të lexonte libra dhe romane për tu arratisur? Jo në personin e tij natyror, por në idetë filozofike të idesë për të qenë Njeriu i vitit 1789. Sidoqoftë, kriza sociale dhe kriza ekonomike duhet ta japin këtë energji për të krijuar frymën e një zëri të vetëm për të thirrur njerëzit e tjerë pa traditë që të krijohet identiteti unik për të cilin bota është kaq ziliqare. Ne jetuam nën qiellin e një qielli të privuar nga ngjyrat, siç thashë pak kohë më parë në një poemë që unë do ia lejoj vetes që ta citoj edhe një herë.

Rien de vu dans un ciel dépourvu / Asgjë për të parë një qiell të privuar

De couleurs / Nga ngjyrat

Qui croit dans un espoir incertain / Kush beson në një shpresë të dyshimtë

Que l'aube d'un jour / Në agimin e një dite

Arrive là où le soleil se couche / Mbërrin aty ku dielli perëndon

Këto fjalë në memorjen time të cilat ende pasqyrojnë këtë koleksion poezish, por që mbulojnë dhunën e një fëmije që tani është përgjegjës për tregimet me një të kaluar të lavdishme dhe fitimtare të të gjithë atyre që donin ta shkatërronin. Kam fituar kundër personit të vetëm që ka një armë për të mposhtur pikën ku është bërë e pamundur kundër tyre. Që nga kontabilisti i Al Capone, siç më kishte specifikuar avokati im, askush nuk kishte mundësi të tallej me ta ... Dhe në fund, sidomos tani në këtë shekull, nëse gjyshi im do të kishte mundur ta shihte këtë, padyshim që ai nuk do ta kishte besuar. Pra me pak fjalë me duhej të shkatërrohesha si shumë anëtarë të familjes, që më pas sunduan në Europë për të kuptuar dhimbjen dhe më lanë pa ndihmën e tyre. Aty u zgjova dhe harrova mëshirën dhe dhembshurinë për cdo lloj gjëje. Në të kundërt, unë nuk mund ta menaxhoj një popull, një tokë me gjithë krenarinë që përfshin. Dhe kështu që kjo botë ka sjellë dhimbje dhe pasiguri, unë kam qenë në gjendje ta arrij atë duke parë më të keqen dhe më e rëndësishmja duke kujtuar çdo moment të atyre momenteve kur unë nuk mund të shfaqja vullnetin tim të lirë dhe të detyrohesha sikur të isha një udhëtar. Por është e vërtetë, nuk egziston një i burgosur i pamundur, ose siç një filozof tha: "A nuk duhet të jetë një i burgosur i padobishëm që të na bëj të thyheshëm dhe të pafuqishëm". Nëse gjykata e Perandorisë e tërhoqi njeriun. Ai që pret me gjithë inteligjencën e tij, të drejtën për të dominuar shtetin dhe për të centralizuar sistemet deri në fund, madje ka bërë që këto familje të Bourbon dhe Habsburg të imagjinojnë si i madhi Odin Ëotttan. Ishte e nevojshme që të lindte ky centralizim i ri i Perandorisë, një tokë e të gjitha fiseve në kontekstin e një lirie të përbashkët, siç ishte thënë nga luftëtarët gotikë në tërësi.

10 nëntor 2012

Parisi ishte qendra politike e Evropës. Edhe nëse Brukseli dhe Strasburgu luajtën lojën për të qenë te rëndësishëm në Kushtetutën boshe të Evropës. Të gjithë republikat e fundit shënuan për monarkitë, të cilat i ndryshuan vetëm figurën. Por familjet politike përfituan nga të gjitha përparësitë, aq shumë saqë 5 ishte vetëm kopja e padiskutueshme e 4-të, vetë rimëkëmbja e saj e tretë. Për sistemin e fitimeve të një grupi të vetëm, gjithmonë me fuqinë e quajtur teknokratë. Si t'i shpjegojmë sistemet dhe ndryshimet e tyre, kur dihet se të gjithë këta njerëz si ushtarët, nëpunësit civilë dhe artistët e inteligjencës nuk bëjnë asgjë, por vuajnë nga vendimet e disa anëtarëve që as nuk e njohin çmimin e bukës. Vetëm pas një kohe të gjatë, shumë njerëz u punësuan para institucioneve dhe në zemrën e tyre rrodhën lotët e dëshpërimit. Vuajtja për të mos qenë më shumë sesa thjesht evropian dhe të duash të luftosh: po miqtë e mi. Mos pyesni se çfarë vendi juaj mund të bëjë për ju. Por pyesni veten se çfarë mund të bëni ju për vendin tuaj. Çfarë do të ndodhë me të gjithë këtë klasë të mesme, është humbja e punës së tyre dhe përsëritja e krizave. A jeni me të vërtetë te sigurt se një profesor gjerman është në gjendje të zgjidhë problemet e krizës, të gjejë punë ose të shpetojë bizneset. Edhe më mirë: a mendoni se Presidenti mund t'i plotësojë nevojat tuaja pa e ditur se çfarë do të thotë të jetosh thjesht me pagën minimale, ndërsa ai me gruan e tij ndjek rrugën e ENA dhe prandaj ka vendosur të mos i kuptojë shqetësimet tuaja. Po! Ata nuk e dinë ose nuk duan ta dinë më se si të luftojnë me faturat dhe administratat. Të gjitha këto institucione janë duke pritur sepse ata nuk e kanë idenë se cilat janë problemet tuaja dhe nuk e dinë se çfarë do të thotë të punosh. Nga ana tjetër, ata janë të parët që duhet të lavdërohen dhe të shkojnë në emër të partive të tjera, të cilët janë miqtë e tyre të tjerë të zemrës. Ajo që na nevojitet, është një ndryshim rrënjësor. Kjo Europë është e zhytur në kanalizimet e neglizhimit dhe të konfliktit të shtetit që fshihet pas institucioneve të krijuara nga skemat zgjedhore. A e dini ne të vërtetë se cili është drejtuesi juaj? A e dini se çfarë duhet të bëjë ai për ju dhe interesat tuaja, jo për rizgjedhjen e tij. Çështjet sociale nuk mund të bëhen në nivel evropian, por në çdo rast, me një përkufizim të rendit dhe vullnetit të secilit për të vepruar si pasoja. Asnjë nga ata nuk e ka parë veten e tij, nuk mund të kuptojnë se çfarë mund të durojnë njerëzit dhe sigurisht, ata janë politikanët që fshihen në një shtëpi të butë dhe atraktive. Ajo që mund t'ju them është se unë jam kundër kësaj ndjesie të rreme, të organizuar nga grupet ministrore, për t'ju prekur dhe për t'ju bërë të ktheheni në qingja. Unë jam kundër bërtitjes sipërfaqësore dhe unë do të luftoj gjithsesi të gjitha këto mënyra të vyera për t'ju treguar se ekziston mundësia e gjetjes së një pune. Unë gjithashtu do t'ju drejtoj nëpër shkrimet e mia për t'ju demonstruar mundësinë e një pune për të gjithë. Dua të ndajë me ju frikën e shumicës së mundësive dhe dallimet mes tyre. Më e dëmshme për ju është e njëjta mizori sociale që menaxhohet duke përqeshur njëra-tjetrën, duke e zvogëluar sasinë e pagesës, aq sa TVSH-ja.

11 nëntor 2012

Falenderoj ato gratë snob që flasin me një ton arrogante dhe jetojnë në pallate në rrethin e 16-të me një egoist dhe mospërfillës të çarmatosur nga çdo takt. Ata që luajnë me gratë e njerëzve krijojnë themele për t'u pasuruar në shpinën e taksapaguesve. Këta njerëz gabohen nëse besojnë se unë nuk do të bëj asgjë për ti parandaluar dhe hedhur në burg pasi të kthehem në pushtet.

Po, dhe pikërisht ata që duhet të paguajnë për krimet e tyre dhe komplotet, ata janë tani në krye me pëlqimin e burrave të shtetit të tyre. Njerëzit duhet të vijnë në pushtet dhe t'ua japin atë njerëzve, që ata të luftojnë për identitetin e këtij populli aq shumë, saqë e gjithë bota do të jetë e detyruar të kthehet për të na u përgjigjur. Mos u habitni zonja dhe zotërinj deputetë, njerëzit nuk ju japin ndonjë sukses. Si mund t'ju caktojmë një sukses kur e vetmja gjë që ju përfaqësoni është me të vërtetë një takim që do ta dërgonte Robespierrin në gijotinë, për shkelje të të drejtave të popullit, duke rënë dakord kundër privilegjeve revolucionare. Si kërkoni të bëheni të njohur, kur po përpiqeni të zhvilloni një aktivitet shoqëror për të mirën e të tjerëve? A nuk është ky një mjet, për të gjetur ende një arratisje? Unë nuk jam këtu për t'i dhënë favore kujtdo, por për të ofruar punë për çdo evropian që përfaqëson traditat e njerëzve tanë. Kam studiuar çështje sociale gjerësisht dhe unë shoh vetëm një mundësi. Kjo krijon një rend shoqëror që nuk ekziston për shkak të teknokratëve politikë që kanë kaluar 20 vitet e fundit. A duhet të bëhem ushtar i një ushtrie pa një tregti dhe jo një ushtri e një vendi krenar që mbajnë armë kundër armikut? A nuk është kështu për të gjithë këta njerëz që i drejtuan kompanitë tona e që shkatërruan botën tonë? Ne ishim derra pa një rend politik dhe pa moral. Por, edhe më keq, pa qëllim dhe pa asnjë vizion shtetëror. Është jashtëzakonisht qesharake të shoh se unë u rrita si nje fëmijë që besonte në vlera, por që ato u mësuan nga prindërit e mi dhe mësimet e mia. Në çdo rast nga shteti, që është më shumë se jo-ekzistues dhe përfaqëson për mua turrën më të madhe të mashtrueseve dhe grabitësve, që lënë vetëm vërejtjet jo-kohezive me të vërtetën e varësisë nga shekulli 21. Çfarë duhet të them për shoqërinë tonë që sot jeton përmes Facebook dhe Tëitter, A është kjo përgjigjja që njerëzit tanë presin? Unë nuk mendoj kështu. Ata janë vetëm

25

njerëz që jetojnë përmes internetit dhe që nuk janë në gjendje të dalin në rrugë për tu shprehur. Situata e Evropës duhet të ndryshojë dhe ne duhet të ndalojmë konsideratat gjymtuese të detyrës dhe gjakut. Unë do të luftoj për Evropën me një synim të pamëshirshëm për të rindërtuar jetën e saj në një botë të re dhe të rindërtojmë atdheun tonë të vetëm. Kuptova se vetëm puna është e ndershme. Unë nuk them "ishte", por "është" dhe unë duhet të them se për të luftuar dhe për të mbajtur atë e cila është një e drejtë që konsolidon idenë time se qeniet njerëzore lindin për të jetuar së bashku në këtë nënë evropiane. Kjo pasiguri e jetës sonë të përditshme është bërë nga frika dhe ankthet e krijuara nga disa media të gatshme për diçka që na bëjnë të bien në kaos total. Por duhet ta dimë se nuk është risi dhe se shtypi nuk pushon kurrë që t'i shtyjë njerëzit me luftën kundër urdhërit.

Po, urdhri urrehet nga shtypi, mediat dhe politikanët, sepse rendi është rruga e vetme për të dale nga kriza e shekullit e 21-të. Vitet 30-të dhe lufta e naftës në vitet '70 kishte shpallur kthimin e krizave dhe problemeve të një shoqërie të bazuar në para dhe jo në vlerën dhe respektin e njeriut. Është e mundur që ai të funksionojë në SHBA apo Azi. Por në kontrast me të tjerët, Evropa jonë është e ndërtuar në 35,000 vjet, në një vend ku kemi jetuar dhe mbijetuar, gjithmonë gjetëm mënyra të ndryshme për të luftuar dhe për të kaluar kufirin dhe për të kapercyer rreziqet çfarëdo që te jenë. Imigracioni ishte mirëkuptim, derisa interneti u përhap sepse nuk kishte mundësi që të gjithë këta njerëz të vinin këtu, për të fituar para ose për të gjetur një punë. Ka dëshmi se Kina ka arritur ti bëjë kompanitë e saj një strukturë ekonomike duke u përpjekur të rritet, duke shitur nga posta. Kompani si Ebay provojnë çdo ditë se dikush mund të blej dhe të shesë pa lëvizur, sigurisht. Kuptoni dobinë e komunikimeve të tilla si Skype, në mënyrë që të ndani informacione online. Do të jetë e nevojshme që t'ju shpjegoj se si mediat dhe politikat e përdorin imigracionin si një burim problemesh, kur ekziston një zgjidhje.

12 nëntor 2012

Çfarë dëshironi t'ju them per këto vite studimesh dhe vuajtjesh, kur mund të flas për ekonomitë dhe politikat? A nuk është kjo një mënyrë për mua që të hyj në zemër të çështjes? Nuk është kjo ajo që pritet nga unë për të folur, për papunësinë, ndërkohë që nuk e dija që papunësia do të nënkuptonte si artist sepse kjo është një punë që kërkon të zgjohesh çdo ditë herët në mënyrë që të marrësh një kontratë të re. Po, kështu që nuk mendova të largohesha nga puna dhe të bëja mijëra deklarata për të thithur ekun e kombit. Po, pashë mjerimin. Edhe nëse kurrë nuk do të kisha imagjinuar të shihja ose të dija, sepse është e vërtetë që gjyshërit e mi më detyruan të jetoja në një botë ku nuk ka zezak, njesoj si një mik që e përcaktoi atë një ditë si Siddhârta. Po, me të vërtetë dhe me siguri, për të jetuar dhe për të zbuluar çfarë kishte jashtë botës që nuk e njihja, gjithë këta të uritur. Për të shitur dhe penguar atë që ka dikush, domethënë çdo gjë apo pothuajse asgjë, ishte për mua edhe një herë diçka për të cilën unë mezi arrita të përshtatesha në atë kohë dhe që ishte diçka të cilën e zbulova tek xhaxhai im. Fakti që dikush kishte apo jo një vend për të fjetur, në vitet 80' nuk ishte ndonjë shqetësim. Por unë do të thosha se u ndodha përballe një bote të cilën nuk mund ta prekja. Po, kur flisnim për të varfërit, gjithmonë kishim imazhet e Etiopisë dhe Somalisë që erdhën drejt e te ne dhe historia na dha një imazh të keq për gazetën e 20:00 nga një gazetar që kishte shkruar një histori kaq të trishtuar saqë dukej qartë se kishte humbur tërë familjen e tij atje. Ai nuk ishte prezantues, por duhet të ishte bërë, megjithate në realitet ai ishte një aktor televiziv. Dhe në atë kohë Gjoni de Mol nuk ekzistonte në ekranet e vogla. Papritmas erdhi një e keqe e cila, sipas nënës sime, u zhduk pas Luftës së Dytë Botërore. Është e vërtetë se në rindërtimin e një bote dhe në zhvillimin e Evropës Perëndimore, ne kishim harruar parimet themelore. Po, luftë, Zoti im është i mirë për ekonominë! Veçanërisht për kalkulimin e njerëzve që do të jetojnë? 50, 75 apo edhe 100 milionë? Me siguri më shumë ... U shfaqën përsëri të njëjtat probleme: punësimi, papunësia dhe varfëria. E pranoj që nuk e kam kuptuar. Kam punuar shumë për pjesën time, sepse gjyshi im më kishte ngulitur të punoja jo si punë, por si burim gëzimi, paqeje dhe arritjeje të brendshme. Unë nuk luftoja për fitimet, por për një dëshirë, për të jetuar dhe jo për të mbijetuar. Pa imagjinuar që shteti duhet të ndihmojë në krijimin e punës. Për t'ju thënë të vërtetën, në atë kohë e pashë shtetin si një humnerë financiare. Mbulimi i botës perëndimore që na tha një mijë e një gjëra rreth botës dhe devijimeve të saj të famshme. Në atë kohë në Itali, unë kam zbuluar partitë politike pa asnjë bindje. Si partia e Kristian Demokratëve ... Ky slogan i mirë marketingu i komunikimit që nuk do të thotë asgjë. Por, ky ishte një kthim në idetë e pabazuara, si tubimi i njerëzve të republikës. çfarë do të thoshte kjo? Asgjë! Në asnjë rast, asgjë më shumë se publiciteti banal i një kosi. E drejtë. Në fund të fundit, cilat ishin vlerat e shtetit? A ishte atje të paktën? Sigurisht që jo! Dhe jo me personazhet qesharake si Giscard, të cilët u përpoqën të pinin kafe me pastruesit e rrugës, për t'ju treguar që ne do të dilnim nga një krizë që kishte nisur në ditën e revolucionit industrial dhe nga ardhja e artë, e zezë. Jo, ne ishim për kërcënimin e korrektësisë politike të grupeve të krahut të djathtë që vazhdonin të flisnin për mashtrues si De Gaulle, sikur të ishte një Zot i gjallë, mund të ishte një Buda e re. Çuditërisht emri i tyre ishte i qartë në çdo zgjedhje të re. Buka ka qenë shqetësimi i revolucionit francez.

Puna ka qenë shqetësimi i kësaj revolte që rroket për kaq shumë kohë. Këtu, njeriu donte të punonte dhe donte një siguri sociale sepse do të duhet të besoje se ishte ... Çfarë? Ligji shoqëror? Po, përsosmërisht. Pra, koncepti i njeriut modern që duhet të harxhojë për të jetuar. Kur themi se jetojmë është të jetojmë mirë, natyrisht. Mbaj mend këtë ekspozitë në Milano, ku një artist kishte vendosur të ekspozonte kuti plot me jashtëqitje dhe ti shiste.

E pra gjithçka është shitur nëper muze. Mos qeshni këto ishin paratë tona, ato të taksave.

12 nëntor 2012

Të pasurit një shtëpi është bërë gjëja më e komplikuar për shkak se ju kërkohen aq shumë dokumente sa mund të bëheni qiramarrës. Por kur isha 18 vjeçe, apartamentet merreshin me qera për dy minuta dhe në atë kohë njerëzit zhvendoseshin çdo muaj, për shkak se ishte mirë ta ndryshoje shtëpinë. Askush nuk dëshiron të jetojë në një vend për një kohë shumë të gjatë. Natyrisht, qeraja paguhej, por është e vërtetë gjithashtu se në atë kohë ka pasur shumë punë dhe fitoje të ardhura shumë lehtë, dhe ishte e nevojshme gjithashtu të paguaje gazetën ditore. Sot, më vjen turp kur i shoh këto banesa të mbipopulluara, që janë shkatërruar nga këto njësi të huaja. Edhe nga ata që erdhën për të vjedhur bukën tonë të përditshme dhe shkatërruan simbolin e monedhës sonë: për të luftuar për vendin tonë. Për të kaluar nga shkollat private ose të njohura si private, sepse nuk marrin ndihmën shtetërore dhe nuk korrespondojnë me një model që nuk u jepej të gjithëve. Ne i përkisnim elitës, që madje do të drejtonte Europën Perëndimore. Kjo edhe pse ishte mike e Shteteve të Bashkuara të Amerikës. Kjo madje që as nuk mund të lëvizte vetëm sepse ishte tepër naive dhe tepër shqetësuese. Kur e përdor fjalën "ne" është një "ne" pak e veçantë, sepse unë u rrita në një "ne". Dhe jo "Ne" egoiste dhe egocentrike ku ne i japim asaj dhe të drejtat. Të drejtat për të bërë atë që kemi dashur me bekimin e vendeve anëtare të NATO-s. Shkurtimisht, nuk kishim asnjë. Dhe frika e luftës që shpërthente në çdo kohë ndërmjet SHBA-së dhe Rusisë, duke jetuar në një planet tjetër ku ne nuk ishim pjesë. Detyra jonë e vetme ishte të shihnim hapësirën përmes imazheve dhe betejave të tyre. Filmi i madh natën e së dielës ishte një film i madh në Hollivud, ku gjithçka ishte në lavdinë e yjeve të vendit. Ndoshta jo imazhi i asaj që ne besojmë, kemi bërë një Lafayette të caktuar, gjeneral gjithashtu, që do të kishte bërë revolucionin amerikan. Jetonim me këtë mur ... Por çfarë ndodhi dhe pse? Unë nuk e kuptoja këtë histori dhe se përse komunizmi predikonte ideologjinë marksiste, pasi ajo ishte një borgjeze e vogël, ashtu si edhe 68-ta e famshme. Rezultati i një grupi të vogël të ndezurish, që dëshironin të merrnin fuqinë e etërve të tyre, duke denoncuar karikaturat e së kaluarës fashiste, që ata as nuk i kishin njohur. Dhe kjo për të lëvizur pjesën e poshtme të njerëzve të pistë, të vegjël, të klasës së mesme që hanë bukën e tyre dhe thonë se janë reaksionarë. Po, këtu qëndron pikëllimi trishtues. Këtu unë fillova të parashikoj. Si do të bëja rrugën time në këtë botë mizore dhe në të cilën unë vuajta, por nuk mund të flisja? Kam zbuluar disa lëvizje në fillimet e mia, që më dhanë shumë më tepër. Ashtu si punk, sepse kjo lëvizje i urren hitet e viteve 70, sigurisht unë nuk e dija. I urrej priftërinjtë e lidhur me kitarën e tyre dhe me këngët që i këndonin Jezusit me një buzëqeshje gjysmë idiote, e gjysmë revolucionarë bolshevikë. Jo. Unë preferova priftërinjtë që këndonin masën latine dhe që kishin refuzuar Vatikanin II që të ndiqte Monsignor Lefebvre. Tabelat që qëndronin përballë meje me bënë të shoh dëshpërimin dhe rezultatet e trishtuara që do të kishin vendimet e ardhshme ekonomike të Evropës. Kjo madje që do të besohej si e lirë në pikën për të krijuar një ide demokratike, një takim për të bërë një shkëmbim ekonomik që, ende sot, mbetet një utopi. Po, duke ndarë mes revolucionit punk dhe kishës latine, ndihesha vetëm para një muri pa përgjigje. Kështu që vendosa ta jetoja jetën time derisa të gjeja rrugën për të përmbushur dëshirën time. Unë kalova ne një klasë kaq të veçantë saqë të gjithë menduan se isha antisocial. Ajo që kishte më shumë rëndësi për mua ishte gjetja e mësueseve dhe skllevërve qesharakë të një shoqërie të humbur. Dhe ishte po kjo e njëjta kohë kur zbulova botën e vajzave dhe gjithçka që kishte të bënte me to dhe se përse duhet të ishim me to. Po të isha poet, kështu do të thosha se adoleshenca është jashtëzakonisht e vështirë dhe nuk ka zgjidhje, nëse Urdhri i Ri nuk është aty për t'i mbështetur këto ndryshime. Kam pasur mundësinë që të kisha një gjysh, por edhe të jem i rrethuar nga familja dhe shumë artistë e intelektualë të cilët e kanë shoqëruar këtë jetë që më është dhënë, këtë dëshirë për pavarësi, më ka lejuar të jetoj në një mungesë pseudonimi. Ndoshta më dha dëshirën për të udhëtuar e për t'u ndjerë i lirë. Po. Liria dhe natyra janë baza për të qenë një Viking. Nga ku këto referenca kanë këtë burim natyror, nënën e lirisë që bërtiti deri më sot në luftërat e trëndafilave. Natyra nuk është e shqetësuar për ruajtjen e qënies dhe rritjen e pasardhësve të saj. Është e njëjtë në jetë dhe një vdekje sipas Asgaard. Ka pak arsye për të përmirësuar artificialisht anët e këqija të saj – gati të pamundura - por për të përgatitur mënyra më të shëndetshme për zhvillimin e ardhshëm të njeriut duke marrë në fillimet e saj.

14 nëntor 2012

Shpesh më kërkohej gjatë adoleshencës sime nëse mund të isha krenar për kombin tim. Natyrisht, kombi Viking. Cilat janë ndjenjat që më bën të rritesha ndryshe nga humanët e tjerë. Ne i përkasim popullit Viking, këta njerëz të privilegjuar, të bukur, të mëdhenj dhe të fuqishëm! E gjithë bota e pa atë, sa është e fortë aq edhe dehëse. Në çdo kohë njerëzit dhe burrat u përpoqën të imitonin, duke marrë ose duke shpikur vlerat gotiko-keltike vikinge, por shumë shpesh duke i kthyer ato në vlera shumë larg nga tonat, gjë që shpesh shkakton konfuzione të tmerrshme. Si individët dhe grupet mund të paraqesin logot komerciale, të cilat për pjesën më të madhe janë bërë emblema për ne, përfaqësojnë vlerat e betejave, familjeve dhe klaneve që luftuan për perandorinë: Rajh. A nuk është edhe një herë rruga për disa lobistë që përpiqen të zbulojnë atë që janë njerëzit tanë dhe të shkatërrojnë përgjithmonë vendin tonë? Epo, unë po jua them. Do të jetë e pamundur për sa kohë të jetoj. Sa e kuptojnë se krenaria e tyre natyrale i përket një populli të privilegjuar? Janë të lidhur me një numër të pafundmë lidhjesh për gjithçka që e bëri vendin e tyre aq të madh në të gjitha fushat e artit dhe shpirtit? Krenaria për të qenë Viking vjen nga njohuria e këtij hiri stërgjyshore. Njerëzit nuk janë një vegël që vjen dhe shkon. Jo, populli është i zgjedhur. Kushdo që ëndërroi deri në pikën e kopjimit, dashuri deri në idhujtari. Mbush një tarracë simbolike e urrejtjesh që i lidh ata me asgjë ose shumë pak. Ishte e vështirë për mua të kuptoja dhe të pranoj dallimin tim. Mijëra njerëz janë xhelozë për mua, sepse thjesht nuk e dinë nga vijnë. Unë u panikova dhe u fsheha nga origjina ime Vikinge. Ata patën një karakter të rrezikshëm gjatë ngjarjeve të fundit historike, duke përfshirë luftëtarët fitimtarë të Luftës së Dytë Botërore.

Kur them se ata ishin fitimtarë për mua. Por natyrisht, jo për mashtruesit që arritën atje për të vendosur, siç thonë ata. Ne shpesh e shohim atë dhe sot. Ata janë quajtur " filialet " përveçse në progres ... Ose ata që lëpijnë këpucët , si të preferoni ju. Disa do të më konsiderojnë si shoviniste dhe u them atyre se unë e lartësoj madhështinë e rajoneve të Evropës. Në të gjitha fushat e kulturës dhe në qytetërim. Unë e kuptova dhe dua të ndaj me të gjithë të rinjtë që do të përjetojnë, një qënie të keqe që arsimi i Perandorisë (Rajh) i jep atij, njësoj si me dha mua objektivin dhe realitetin e botës. Por me një ndryshim: Do të jem atje për t'ju treguar dhe për t'i lehtësuar dyshimet e tyre. Ne duhet të luftojmë për madhështinë e kombit tonë të madh. Ne duhet të jetojmë për kombin. Nuk ka kuptim të jetojmë për veten. Kjo krijoi një koncept gënjeshtrash. Për miqtë e mi, toka jonë dhe toka e gjakut. Nëse marr përsëri konceptin e fshatit Gallic, ju do ta kuptoni shumë më thjeshtë . Ne kemi rritur me imazhin e Asterix dhe Obélix të karikaturave të grave sublime, perëndeshave të mëdha Vikinge dhe unë refuzoj ndonjë traditë tjetër për vendin tim. Sepse miqtë e mi, vendi ynë eshte vendi i gjakut. Gjithkush që nuk është pjesë e gjakut të 17400 fiseve Vikinge, nuk do të kenë të drejtë për këtë trashëgimi dhe do të jenë në gjendje të qëndrojnë, vetem nëse nuk shfaqin urrejtje kundër klaneve tona atje. Në shkollë dhe në adoleshencë, unë pashë vetëm minjtë që vraponin në anije, të cilat do të kishin bërë gjithçka për të përdorur imazhet tona dhe për të marrë pjesë nga kujtimet tona. Po miqtë e mi. Ju e shikoni, gjithandej flitet për shkatërrim, ndërkohë që unë dua t'ju thërras për rindërtimin e kombit tonë. Ne duhet të bashkohemi dhe të sjellim koncepte të reja në besimin e imazhit tonë dhe madje edhe simbole të bashkuara në politikë. Në cilën moshë një fëmijë mëson mbi origjinën e tij dhe bëhet i vetëdijshëm për këtë kujtesë dhe çfarë përfaqëson fakti se është pjesë e njerëzve të zgjedhur? Dhe çfarë duhet t'i them atij? Se ne sot gjendemi në të njëjtat probleme si vitet tridhjetë që kryen njerëzit tanë për të marrë përsëri renë, por për të besuar grupet që njihnin krijimin e fondit të investimeve të quajtur fondet gardh dhe që zhvilluan krizat që nga viti 1970. Pastaj ju thashë. Le të mos i besojmë më këtyre politikave që ne duhet të ndalemi dhe të futemi në burg. Ne do të shohim pastaj se si ata menaxhojnë shtetet e tyre të zemrave.

14 nëntor 2012

Konflikti prind-fëmijë nganjëherë mund të përdoret për kombin, sepse ajo mund të drejtojë, ajo duhet të shfaq - në një harmoni së bashku për të mirën e popullit tonë. Udhetimi në kërkim të esencës më bëri të kuptoj botën dhe atë që Nata Natyrore më ofroi që nga lindja. Është e vërtetë se këto vite në Milano ishin të jashtëzakonshme, sepse takova stilista e dizenjuesa me reputacion, avokatë të afërt me personalitetet e Italisë. Për më tepër, ky vend nuk ekzistonte dhe ka qenë gjithmonë një grup rajonesh të quajtura principata, duqe, qarqe apo barone dhe, natyrisht, shtetet papale. U afrova me njerëz që mund të citoj, por kjo nuk është e rëndësishme. Unë nuk dua të bie në një politikë "thashetheme"-sh. Të thuash çfarë? A kam takuar djalin apo vajzën e këtij apo atij personi politik i cili ka qenë aq i rëndësishëm gjatë viteve të caktuara të luftës? Unë duhet t'ju them të vërtetën. Dhe atë që kam jetuar, nëse shkruaj sot është t'ju jap sistemin që më lejon t'ju bëj të kuptoni që nuk do të dëshiroja kurrë të gjendesha në këtë situatë ku unë jam, unë luftoj dhëmbin dhe gozhdën deri në fund, për të kuptuar se çfarë po ndodh me popullin tonë ndërsa po mbrojmë vlerën e vetme. Ky kthim në Itali më kërkoi të përqendrohesha në shtetin dhe çfarë nënkuptonte simbol i moralit dhe kombit në shoqërinë e sotme në zemrën e njerëzve të besimit. Shpesh më pyesnin përse i kisha flokët e gjata. Edhe njëherë tjetër kjo më dha mundësinë të shihja mungesën e kulturës së kombeve tona. Dhe po, ne nuk kishim të drejtën ti prisnim flokët, të paktën deri sa të afronte solstice veror dhe Dita e Krishtlindjeve - Viti i Ri i Vikingeve nga 21 deri ne 25 Dhjetor. Ne kemi nevojë për diçka të shenjtë dhe flokët janë burimi i të shenjtit në të dy drejtimet, siç mund ta them. Nëse do më kishit lënë mua si një fëmijë i cili mund të jetë rreth të pesëmbëdhjetave, tha një kritik i autoritetit, unë nuk do të kisha mësuar për baltën dhe mbeturinat që janë përjashtimi i çdo gjëje që mund të më çrrënjosë.

Unë u rrita në një botë ku nuk toleroheshin kaq shumë gjëra si sot. Politikat na tregojnë se janë tejet normale. Por nëse politikat shkojnë keq, çfarë duhet t'i them mediave, se janë më shumë se kurrë të pavlefshme dhe cilat janë pseudo politikisht korrekte? Pse unë nuk e pëlqej politikisht korrekte, në fakt? Për shkak se ata nuk kanë bindje dhe lejojnë veten t'ju japin gjithçka nëse shikohen synimet e mira. Kam mësuar shumë nga njerëzit që nuk kanë frikë të luftojnë, në kuptimin e të qenit dhe të bërit. Unë nuk dua të flas për mua dhe jetën time sepse ky nuk është qëllimi dhe nuk gjej ndonjë interes. Sidoqoftë, do të ishte kundër vetes, nëse do përgëzoja vetëm veten. E kam bërë këtë fakt. Nëse disa gazetarë duan të shkruajnë per mua, unë nuk ua jap atyre mjetet. Unë jam njeriu që ka qenë me qindra gra të reja dhe të bukura ... Oh, Zot! Dhe po, unë nuk po rrotullohem si disa prej këtyre të rinjve nga këto qytete të famshme që kanë qenë kaq të frikësuar ... Oh Zot! Çfarë frike! Është me të vërtetë asgjë ... Ata i vunë zjarr kazanëve plastikë ... Oh kjo është e mahnitshme! Sa e tmerrshme! ... Gjithçka që kam bërë është se biznesi dhe përvoja ime më kanë dhënë fuqinë për të zbuluar dhe kuptuar se kush po përballet me qëniet që kanë vetëm një dëshirë: të shkatërrojmë atë që jemi, sepse të gjithë janë vetëm xhelozë ndaj nesh dhe traditave tona .Unë nuk dua asnjë me kundërshtarët e mi. Përkundrazi. Ata më bënë të bëhesha njeri dhe tani e di se çfarë dua dhe ku shkoj. Po. Gjyshi im kishte të drejtë. Është e domosdoshme të jetosh dhe të mësosh duke mbrojtur gjënë më të bukur që kemi: natyrën.

Three

Pikëpamjet politike

⎯⎯⎯⎯⎯⎯⎯

17 nëntor 2012

T ani e di se përse nuk mund të hyjmë në politikën aktive para moshës 40 vjeç. Vështirë se mund të jetojmë në harmoni me popullin, nëse nuk përballemi me të pamundurën, të padukshmen, të padurueshmen. Qëllimi i politikës nuk është që të jetë pjesë e një platforme, një sistem politik i djathtë apo i majtë, ku sheh vetem një grup njerëzish që luftojnë për sigurinë e një karrigeje. Merrini ne konsideratë problemet e politikës dhe le të ndërtojmë së bashku partinë e kombeve Vikinge, për lumturinë e një fjale të vetme, arsimimit. Dhe le të marrim pozicione që sfidojnë opinionin kombëtar. Kam mendimin tim personal dhe nuk kam frikë t'ju them se çfarë mendoj për çështjet aktuale, nëse atyre u pëlqejnë apo jo. Unë nuk kam asgjë me kundërshtarët e mi. Përkundrazi. Ata me bënë një burrë më të fortë, tashmë falë tyre e di se cfarë dua dhe se ku po shkoj. Po. Gjyshi im kishte të drejtë. Është e domosdoshme të jetosh dhe të mësosh, ndërkohë që kujdesesh për mbrojtjen e gjësë më të shtrenjtë që kemi: natyrën. Bashkohuni me mua në rrugë n drejt zhvillimit të identitetit, të partisë dhe të kulturave e traditavete vendeve tuaja. Unë nuk do të ndërroj drejtim dhe nuk do të ndryshoj pikëpamjet e mia, qoftë politike apo ekonomike, pasi ato janë të rrënjosura në mënyrë thelbësore. Unë vë në provë detyrën time për të përcuar tek ju disa nga këto doktrina, të cilat bien në kundershti me shumë bindje politike dhe ekonomike, që më shtyjnë të luftoj cdo ditë për origjinën time dhe të mbroj të drejtën e ketyre kombeve dhe fiseve Vikinge. Fakti që dyshimet e mia ishin rezultat i dhembshurisë sime për ata që nuk e respektuan gjakun tim, më bëri të krijoj një urrejtje të këndshme le të themi, sepse i bën ata të duken qesharak. Besimi i dishepujve të mi vazhdon të qortohet vazhdimisht. Vetëm nepërmjet këtyre shkrimeve dhe nëpërmjet këtij libri mund ta përmirësoj edukimin e këtij kombi të madh. Ne të njëjtin komb ku njerezimi ka jetuar për vite me radhë, I nxitur nga egoizmi vetjak, të cilit I dha një shtysë të rëndësishme edhe revolucioni indusria, me të cilin Carli Caplin u tall virtualisht disa herë në filma të ndryshëm përfshirë edhe "Modern Times". Unë nuk kam asnjë kundërshtar dhe nuk kam aspak turp, sepse unë jam simboli i pjellorisë Vikinge. Unë rrëfej dhe deklaroj se bashku me popullin tim dhe në botën e sotme se justifikimi im do të jetë gjithnjë e më i madh dhe termat do të zgjidhen për të shpëtuar perandorinë tonë nga kriza mbarë botërore. Unë nuk dua që ne të jemi instrumente të krizave politike apo përndjekjeve të tërbuara në demonstrata, të cilat në asnjë mënyrë nuk paraqesin kërcënim për rendin e vendosur nga disa ministra të rehatuar në foletë e tyre: pasi ata janë të mjerueshëm! ... Unë jam një kuzhinier dhe nuk do të jem kurrë politikan. Shpirti im është shumë i pastër për t'u njollosur nga fjalët e tyre " të ëmbla", për mua. Ata nuk më interesojnë. Unë nuk do të sakrifikoj për ju, zotërinj, besimin tim dhe pafytyrësinë time të bezdisshme për gënjeshtrat tuaja të hapura. Ne duhet të pozicionojmë veten në një debat heroik dhe të mbajmë ndershmërinë tonë për të luftuar në parlament, për të avancuar rendin dhe jo frytet e para të të gjitha borgjezive të vogla të përfshira nën hijen e kapitalizmit liberal të shkuar mirë, për aq kohë sa vetëm politikat evropiane ende nuk e kanë kuptuar. Politikani nuk lufton për mandatin e tij, vetem sepse ka familjen e tij për të ushqyer, por më shumë për të gllabëruar gjithnjë e më tepër për veten e tij. Ju miqtë e mi përfaqësoni, një kujtim të paqartë të një fushatë ku ata ende lajnë duart e tyre pasi ju kanë prekur. Unë dua të jem për popullin tonë një agjitator publik sic ishte Dantoni, i cili udhëhoqi njerëzit drejt pushtetit. Është mjaft teknokrate.

Ndërkohë ata këndonin:

«ah ça ira ça ira les énarques à la lanterne ah ça ira ça ira Les énarques on les pendra …»

Ah ! Ça ira, ça ira, ça ira, Le peuple en ce jour sans cesse répète,

Ah ! Ça ira, ça ira, ça ira, Malgré les mutins tout réussira.

Nos ennemis confus en restent là Et nous allons chanter « Alléluia ! »

Ah ! Ça ira, ça ira, ça ira, Quand Boileau jadis du clergé parla Comme un prophète il a prédit cela.

En chantant ma chansonnette Avec plaisir on dira :

Ah ! Ça ira, ça ira, ça ira ! Suivant les maximes de l'évangile Du législateur tout s'accomplira.

Celui qui s'élève, on l'abaissera Celui qui s'abaisse, on l'élèvera.

Le vrai catéchisme nous instruira Et l'areux fanatisme s'éteindra.

Pour être à la loi docile Tout Français s'exercera.

Ah ! Ça ira, ça ira, ça ira !

Pierrette et Margot chantent la guinguette

Réjouissons-nous, le bon temps viendra !

Le peuple français jadis à quia,
L'aristocrate dit : « Mea culpa ! » Le clergé regrette le bien qu'il
a, Par justice, la nation l'aura.
Par le prudent Lafayette, Tout le monde s'apaisera.
Ah ! ça ira, ça ira, ça ira, Par les ambeaux de l'auguste assemblée,
Ah ! Ça ira, ça ira, ça ira, Le peuple armé toujours se gardera.
Le vrai d'avec le faux l'on connaîtra, Le citoyen pour le bien
soutiendra. Ah ! Ça ira, ça ira, ça ira, Quand l'énarque protestera,
Le bon citoyen au nez lui rira, Sans avoir l'âme troublée, Toujours
le plus fort sera. Petits comme grands sont soldats dans l'âme,
Pendant la guerre aucun ne trahira. Avec cœur tout bon Français
combattra, S'il voit du louche, hardiment parlera. Lafayette dit : «
Vienne qui voudra ! » Sans craindre ni feu, ni amme, Le Français
toujours vaincra !
Ah ! Ça ira, ça ira, ça ira ! Les énarques à la lanterne,
Ah ! Ça ira, ça ira, ça ira !
Les énarques on les pendra !
Ah ! Ça ira, ça ira, ça ira !
Les énarques à la lanterne.
Ah ! ça ira, ça ira, ça ira !
Les énarques on les pendra.
Si on n' les pend pas
On les rompra Si on n' les rompt pas On les brûlera.
Ah ! Ça ira, ça ira, ça ira,
Ah ! Ça ira, ça ira, ça ira,
Nous n'avions plus ni nobles, ni prêtres,
Ah ! Ça ira, ça ira, ça ira, L'égalité partout régnera.
L'esclave autrichien le suivra,
Ah ! Ça ira, ça ira, ça ira,
Et leur infernale clique au diable s'envolera.
Ah ! Ça ira, ça ira, ça ira, Les énarques à la lanterne ;

Ah ! Ça ira, ça ira, ça ira, Les énarques on les pendra ;
Et quand on les aura tous pendus,
On leur chera la paille au c...,
Imbibée de pétrole, vive le son, vive le son, Imbibée de pétrole,
vive le son du canon.

* * *

Versioni shqip:
Ah! Do të, do, do, do të thonë njerëzit në këtë ditë gjithnjë e
më shumë,
Ah! Do, do, do të, pavarësisht se të gjithë rebelët kanë sukses.
Armiqtë tanë janë të hutuar dhe ne këndojmë "Aleluia!"
Ah! Do të, do, do, kur Boileau dikur ka folur për klerin si një
profet ai e parashikoi atë.
Duke kënduar këngën time me kënaqësi themi: Ah! Do, do, do!
Sipas parimeve të Ungjillit Legjislativ, çdo gjë është kryer.
Kushdo që ngrihet, do të ulë atë që e përul veten, ne ngrihemi.
Na mëso katekizmin e vërtetë dhe fanatizëm të frikshëm .
Të gjithë francezët do të ushtrohen për t'ju bindur ligjit.
Ah! Do, do, do!
Pierrette dhe Margot këndojnë në tavernë .
Le të gëzohemi dhe koha e duhur do të vijë!
Populli francez në të njëjtën kohë,
Aristokratët thonë: "Faji im!
" Kleriku ndjen keqardhje për drejtësinë, kombi dëshiron.
Nga i kujdesshmi Lafayette ,
Të gjithë do të largohen.
Ah! do, do, do, nga pishtarët e asamblesë së gushtit
Ah! Do, do, do, Njerëzit e armatosur do ta mbajnë gjithmonë.
Nga e vërteta e rreme që ne e njohim, Qytetarët për mbështetje
të mirë.

Ah! Ajo do, do, do, Kur protestë arrogante,
Njerëzit mirë e perqeshin Pa shpirtin e trazuar, Gjithmonë
vullnetin më të fortë.
Të rinj dhe të vjetër po ashtu janë ushtarë në zemër, gjatë luftës
asnjëri nuk tradhton.
Zemra me të gjitha fiqtë e mirë franceze,
Nëse sheh çekanin, fol me guxim.
Lafayette tha: "Vjen kush dëshiron!" Pa frikën e zjarrit apo
flamës, francezët gjithmonë fitimtarë!
Ah! Do, do, do!
Arrogantë me fanar,
Ah! Do, do, do!
Arrogantët do të varen!
Ah! Do, do, do!
Arrogantë me fanar,
Ah! do, do, do!
Arrogantët do të varen! Nëse nuk rri
Ata do të thyhen
Nëse nuk do të pushojnë
Ata do të digjen
Ah! Ajo do, do, do,
Ah! Do të, do, do, do të kishim as fisnikë as priftërinj,
Ah! Do, do, do, Barazia do të mbretërojë kudo.
Skllavi austriak do të ndjekë,
Ah! Do, do, do, Dhe klika e tyre djallezore
Me djallin do të fluturojë larg
Ah! Ajo do të, do, do, do të jetë Arrogante me fanar;
Ah! Do të varen, do të varen,
Dhe kur të gjithë ato do të varen,
Do të dërgohen kashtë në c ...,
Të zhytur në vaj, tinguj të mprehtë, zë të gjallë,

Të zhytur në vaj, zë i mprehtë i armë.

18 NËNTOR 2012

Udhëheqësi duhet të vuajë të gjitha pasojat e veprimeve të tij dhe vërejtjet e njerëzve, të cilat i kërkuan të ishte transparent në vizionet e tij politike, ekonomike dhe sociale. Duhet të jetë në përputhje me praktikën e transparencës publike dhe në asnjë mënyrë nuk duhet të bjerë në kundërshi me pikëpamjet e tjera . Një lider duhet ta fitoj besimin e qytetarëve të tij dhe të pranojë atë që është detyra e tij: të sjellë kombin në nivelin që ai meriton. Është e vërtetë se politikanët mashtrues nuk respektojnë asgjë dhe siç një këngë nga një autore franceze, Outdoor, e cila mburret me hijeshinë e oportunistëve deri në atë pikë sa xhaketa e saj ka çarje në të gjitha anët pas kthimit të pandërprerë. Dhe këtu është imazhi i këtyre mashtruesve që na lavdërojnë meritat e tyre dhe që nuk meritojnë të zgjidhen me. Unë asnjëherë nuk kam dashur të shfaqem dhe prej vitesh kam dashur që të jem prapa ekranit: prapa skenës së famshme. Mos më pyesni pse... Për këtë arsye unë zgjodha të krijoja koncepte që transformonin ish të dashurat e mia (modelet më të mira, aktoret apo yjet) për të parë se sa larg mund të shkoj në mediat sociale dhe derivatet e saj. Mësova se për fat të keq, kur krijoni njerëz nga zeroja, të cilët nuk kanë asnjë talent, ju zhvisheni totalisht nga morali dhe shtypni edhe dobësinë më të vogël . U desh që të me hidhnin si ushqim zogjsh për ta kuptuar këtë, dhe aty fillova të shfaqja idetë e mia për veten në papafingon më të tmerrshme të burgjeve amerikane. Kam kërkuar në libra përgjigjet e pyetjeve të mia ,duke shpresuar që të kultivoja hapësirën boshe brenda qënies sime. Kam takuar grupe të ndryshme politike nacionaliste, monarkistë dhe regjionalistë, të cilët ishin të gjithë të shënuar nga rastësia e detyrave të pakuptimta politike dhe ekonomike të një shoqerie qe përbën një komb. Gjejeni këtë Perandori, Evropa do të thoshte se do te më duhej të këmbëngulja që dhomat parlamentare të bindnin njerëzit se vetëm një Evropë federale dhe rajonale mund të funksiononte. Sepse sidoqoftë kombet e Evropës, madje as Jean Jaurès, nuk mund të kenë sukses. Kjo është arsyeja përse mbeti pa përgjigje sepse nuk kishte asnjë koncept tjetër vecse një monedhe të vetme. Në fakt, politika kishte nisur një udhëtim pa kthim dhe pa asnjë proces, sepse askush nuk e kishte pritur planin. Po! Amerikanët kishin krijuar kryesisht një Plan Marshall. Por politikat dhe teknokratët evropianë preferonin të krijonin një monedhë pa ndonje koncept ekonomik, që të zhyteshin në humnerë, sepse ata e kuptonin atë që bënë, duke na sjellë në buzë të humnerës dhe në këtë rast donin rënien e Evropës. Ose ata nuk ishin të ndërgjëgjshëm për atë çfarë bënë dhe në këtë rast duhet të largoheshin nga drejtimi i administratave tona sa më shpejt të ishte e mundur. Ekzistimi i kombit tonë varet nga decentralizimi i institucioneve tona dhe administrimi i rajoneve tona, qe në të kaluarën, ishin baronet, qarqet, dukatet dhe principatat. Në asnjë mënyrë nuk mund të kthehemi në të kaluarën e viteve pas Luftës së Dytë Botërore që në mënyrë të pakuptimtë promovuan fuqinë politike të disa njerëzve që u zgjodhën sepse ju iu besuat gënjeshtrave dhe mashtrimeve të tyre. Ne jemi përfshirë në një luftë të dhunshme të partive dhe sindikatave që nuk kërkojnë zgjidhje , por justifikime për të ndarë edhe më shumë popullin Viking, sikur ne të ishim aq të pamend sa të besonim gënjeshtrat e këtyre kombeve dhe të ekonomive të tyre. Ajo që dua të them është se unë besoj në politikën lokale dhe unë kujtoj priftin e Ascainit, vendit bask, të cilin e admirova dhe i cili organizoi politikën ekonomike, diplomatike, artistike dhe tradicionale, dhe fitoi mirënjohjen e të gjithë banorëve të e vendit.

22 nëntor 2012

Zemra dhe kujtesa janë armët e mia, të cilat më kanë mundësuar të rrëzoj botën e vjetër dhe të projektoj vetveten brenda hapësirës së rilindjes. Ju duhet të kuptoni se për ne Vikingët, interesi parësor është atdheu i përfaqësuar nga Freja, e cila erdhi direkt nga Asgaardi për t'i dhënë njeriut drejtimin e jetës. Kjo tokë vendase që është e shtrenjtë për ne, ishte zemra e të gjitha lakmive dhe për këtë arsye pas Luftës së Dytë Botërore shpikën një të kaluar tonën që nuk është e vërtetë. Sepse vetëm në gënjeshtër diasporat mund të kënaqen me hirin e tyre. Kujdes, nuk po them se historia nuk ekzistonte. Por kjo ka evoluar. Unë do t'ju citoj për shembull Henri Guillemain i cili, duke dashur të rishkruante historinë e letrave të tij fisnike, duke riemërtuar të vërtetën, e pa veten duke kaluar nga një historian i madh në një hic, duke marrë kështu në konsideratë parimet e tij por duke harruar të vërtetën e tyre. Që nga shekulli i 11-të, Perandoria Vikinge dëshironte t'i jepte vlerë ekonomike shkëmbimit të lirë, duke i ofruar rrugën e lirë tregtisë në formën e saj të parë; me anë të shkëmbimeve. Ne kishim për shekuj me radhë kompani që prodhonin dhe tregtonin midis kulturave gotike dhe kelte, dhe madje edhe nëse kopjuam Perandorinë e "Rising Sun" pas udhetimit të Marco Polo-s, ne ishim shpikësit dhe talentet krijuese. Sapuni, për shembull, i cili u krijua me bazën e yndyrës së derrit. Ah po. Duhet të them se ne e duam shumë mishin e derrit dhe perdorim gjithcka prej tij, me përjashtim të dhëmbëve. Bizneset vendase dhe të huaja administroheshin nga një organ fisnik i quajtur Këshilli i Shtëpisë dhe diskutonim atje çmimin e grurit, politikën në aspektin e sulmeve, gjykimin e hajdutëve etj. Rendi i ri po ecte qetësisht. Është e vërtetë që kurrë nuk kemi parë artistë të tillë po aq brilantë sa në familjet tona. Bourbonet dhe Habsburgët nuk kanë qenë kurrë në gjendje të konkurronin me zejtaritë tona dhe artistët e familjeve tona. Më duhet t'ju them sot, se 3 republika kaluan vetëm nga duart e fëlliqura të mbeturinave ekzekutive dhe gjyqësore. Ne shohim për shembull që një 75 vjeçar nuk lejohet të punojnë për më shumë se 10 vjet në tre institucionet të ligjit francez. Pra, çfarë bën fuqia? E pra, ata të gjithë ju shfrytëzojnë, derisa nuk mund ta përballoni më dhe ktheheni në rrugë siç keni bërë gjithmonë dhe më pas ata nisin përsëri t'ju premtojnë mrekulli. Dhe këtë herë, siç e dinë mirë disa, gjithçka ka mbaruar njëherë e përgjithmonë. Po, sepse unë do të jem me ju në rrugë për të kërkuar që para se të tregohem i drejtë, a e doni ju të vërtetën? E vërteta është se për më shumë se 50 vjet, politika ka vjedhur mbi shpinën e punëtorëve dhe ndërmarrjeve dhe se tashmë sot nuk ka mbetur më asgjë për të marrë. Ne jetojmë me kërcënime dhe padrejtësi. Ne jetojmë në një Europë pa krijimtari, pa shërbim, vetëm me një gjë: mospërgjegjësinë për veprimet e saj. Kur ndaloj në një semafor me dritë të kuqe nuk e bëj sepse kjo e fundit më pengon! Jo, kjo quhet pritje. Quhet ndjenjë e shëndoshë, kod qytetar ose respekt për veten. Liria ime përfundon aty ku fillon liria e dikujt tjetër.

Politika është si art. Ajo merr më të mirët dhe jo oportunistët që as nuk dinë si të menaxhojnë pasurinë personale. Kryetarët e komunave, deputetët nuk e kuptojnë këtë. Dhe kur u kërkohet që të japin shpjegime, ata janë të paaftë. Ndonjëherë ata japin një përgjigje të stilit: "Nëse unë jam në drejtimin e ndonjë qyteti, unë kam specialistë në secilën zonë." Po ,po, këta janë të njëjtët njerëz që promovuan bankat franceze dhe jetuan me paratë tuaja. "A e dini se në SHBA sot, nese keni një minimum prej 500 euro në llogarinë tuaj, ju nuk do të llogarisnit dot tarifat dhe pagesat bankare? Nuk po them se Amerika është më e mirë se ne, por them se njerëzit i binden ligjit dhe nëse nuk e bëjnë ndëshkohen me burg. Si një qytetar i thjeshtë ashtu edhe një guvernator. Të gjithë shkojnë në burg.

23 nëntor 2012

Thelbi i politikës përforcon traditën dhe parimet e kulturës. Ky identitet i njëjtë përpiqet të shpëtojë këtë komb të madh pa asnjë të metë. Kur bota politike e së drejtës franceze, për shembull, shkatërroi një pushtet që nuk ekzistonte ... Po. Si t'i japësh pushtet një personi i cili thotë se është neutral, ndërsa nëse do të ishte në SHBA, ai do të ishte në burg? Po, nganjëherë më mungon jetesa amerikane, e cila më bëri të kuptoj që ne duhet t'i gjykojmë politikanët tanë, sepse në ditët e sotme ata janë banditë. Pse Shtetet e Bashkuara po luftojnë për t'i gjykuar dhe për t'i dënuar politikanët e tyre ? Pse nuk e bëjmë edhe ne? Ja përgjigja: kjo është për shkak se nuk jemi në gjendje që të bëjmë qëndresë ndërkohë që kombi ynë Viking ka qenë gjithmonë duke luftuar kundër armiqve. Por çfarë kemi bërë për ta zhvilluar dhe për ta mbrojtur tokën tonë që na është trasheguar nga të parët tanë? Prandaj është e domosdoshme të krijohet një organizatë siç ka qenë ndër shekuj, një formë e decentralizimit të baronive të quajtura edhe rajone ose "Länder", sipas gjuhës së kombit tonë. Por, në fund të fundit, kjo është forma që ne presim të zbulojmë dhe të përcaktojmë vizionin tonë për Evropën. Le të jemi të qartë dhe të mbajmë mendimin e të mos lejojmë që të anashkalohet ose të hiqet ndonjë gur ranor sipas vullnetit të tyre. Unë po ju them, kjo ka marrë fund. Ne do të marrim frenat e kombit tonë dhe ata nuk do mund të luajnë më me fiset tona për epshin e tyre për pushtet. Ne duhet të krijojmë bërthamën e një kushtetute federale të kombit tonë për të vepruar mbi dominimin e Perandorisë sonë, pa patur nevojë t'ju japim shpjegimi institucioneve që supozohet se janë krijuar për të na ofruar siguri. Ne duhet t'i kapërcejmë këto zakone politike pasi ka një kulm të përbashkët: të jemi të të njejtës parti dhe të mos kemi dallim tjeter përveç gënjeshtrave dhe mediokritetit. Këta njerëz që mendojnë se kemi frikë të vet- udhëhiqemi. Si mund t'i besoni një personi që ha çdo natë në 3 yje luksi larg nga problemet e njerëzve? Unë e di se çfarë është sepse unë vetë kam bërë para dhe keta mashtrues kanë dashur të më fusin në kurth. Kam jetuar në pallate ku dëshiroje të mos dilje kurrë, gjithcka ishte e klasit të parë, makina luksoze dhe gjithçka ... Por unë duhet të them se jam i lumtur sepse nuk kërkoj para. Madje do të them se nuk i dua. Jo, do të jetoj vetëm për kombin tonë dhe për të. Kjo është dhurata më e madhe që Odin më ka bërë, lindja e dëshirës për të luftuar me vdekjen për të marrë Perandorinë tonë në përjetësinë e saj. Unë jam me ju, vëllezërit e vëllezërve të mi, për të ringjallur madhështinë e popullit tonë, për të luftuar me ata njerez që do të dëshironin ta shihnin të shuar përgjithmonë. Por ne ishim atje në fillim të kësaj bote dhe ne jemi këtu për të mbyllur kapakun e njerëzimit. Do të luftoj kundër tyre, që do të thotë se duhet t'i pastrojmë me një sfungjer cdo gjë që kanë lënë pas këta minj. Jashtë Perandorisë sonë,ata tentuan të krijonin trende të nacionalitetit etnik për të imituar traditat e fiseve tona. Ne nuk duam të përzjejmë gjakun tonë me këto raca fqinje, ata janë të mirëpritur në tokën Vikinge që ka qenë gjithmonë vendi i mërgimit ,dhe i mbrojtur nga Thor për të shtypurit. Por ata kurrë nuk mund të marrin gjakun që rrjedh në trupin tonë dhe na jep të drejtën për të pronës dhe të drejtave. Unë mendoj se të gjitha fiset presin ditën kur të kemi pushtet të plotë dhe të dominojmë të gjithë qeverinë e re. Ne duhet të finalizojmë rojet e Odinit për të mbrojtur territoret tona dhe për të takuar udhëheqësit tanë.

26 nëntor 2012

Republika ka treguar fytyrën e saj të vërtetë me vdekjen e figurave të mëdha që donin të vinin në pushtet, për të shfrytëzuar veprimet e së kaluarës. Por unë e di se ne duhet të luftojmë për të ruajtur qetësinë e shtetit. Unë e di se për të marrë popullin tim, duhet të bëhet një centralizim i rajoneve, për të investuar në kushtet e tyre, se ata drejtohen nga njerëz jo përgjegjës , njerez të cilët shumë shpejtë do të përfundojnë në burg , sic po ndodh sot në Shtetet e Bashkuara . Fakti që kemi gjuhë, të cilat rrjedhin nga norvegjishtja e vjetër dhe latinishtja, ne krijuam në mënyrë progresive një kulturë aq te jashtëzakonshme dhe aq të pasur saqë të gjithë janë në gjendje të kuptohen, dhe të shkëmbejnë vlerat e tyre me të tjerët. Liria jonë vjen nga parimi ynë i këtij ndryshimi, e cila e bën xheloze botën dhe racat e tjera të cilat nuk kanë as traditë, as identitet, as kulturë. Sidoqoftë, nuk janë aspak të ngjashme me ne. Ne do të unifikojmë brenda kombit tonë të gjitha fiset, me ligje shumë strikte që tu shërbejnë njerëzve dhe jo adhurimit të një personi, ashtu siç ka qenë parimi për një kohë të gjatë. Për të nxitur komunitetin për tubim, për të luftuar për të njëjtin parim dhe për të vënë mesataren e teknikave për të përparuar dhe për të jetuar sipas shkelqimit të flamurit të kuq të forcës. Ne kemi nevojë për secilin prej tyre për të ngritur propagandë, që ju e njihni shumë mirë, sepse ajo fillon që nga shkolla ku ju mësohen të drejtat e jashtme të cilat nuk përputhen me ato të kërkesave të kombit. Që prej dhjetëra vjetesh, politika në Evropë kishte kapërcyer nga shërbimet e propagandës, të cilat mund të jenë të ndara nga shumë të dyshuar. Këtë e keni kuptuar edhe ju. Ju keni ndjerë se ka ndodhur diçka dhe se ka pasur një ujk në mes të deleve. Ne kemi nevojë për një unitet absolut në administratë. Unë nuk them "administratat", por "administrata" sepse ka një administratë ku njerëzit që punojnë atje japin zemër, për të gjetur mënyrat sesi të ndihmojnë bashkëqytetarët dhe jo që të ndihen sikur janë mbi ligjet. Do të jetë e domosdoshme që të rishqyrtohet tani nga funksionimi i këtyre parimeve të qytetarisë së mirë. Gjithmonë kam qenë i etur për të zbuluar ato që nuk janë bërë edhe pse. Dhe për të parë atje mediokritetin dhe konfiskimin e këtyre qënieve të varura që kanë vetëm një vend: atë që ne do t'iu rezervojmë atyre. Ata do të marrin pjesë në shpalljen e një tjetër krijimi të Evropës sonë të madhe dhe ne duhet t'i gjykojmë ata para gjykatave të popullit si në 1789. Kjo do t'i trembë aq shumë saqë ata do të ikin drejt llogarive te tyre, të fshehura nga Luksemburgu në Zvicër. Paratë e vjedhura nga ju, njerëz të kombeve Vikinge. Ne jemi të fortë dhe të qëndrueshëm. Ne jemi të përfshirë në të gjitha grindjet dhe jemi gati për të mbështetur çdo dramë pa vuajtur rëndë për shpresë, si një fryt i brendshëm që nga gurët e kohës së pamerituar nga të dërguarit si Merlini. Nuk mund të pranojmë keqmenaxhim, keqadministrim dhe udhëzime të këqija deri sa të jetë zhdukur gjithë jeta. Mos jini të vdekur dhe kokëulur. Merrni shembull dhe bëhuni demonstrues siç njihemi që prej vitit 1968. Le të mobilizojmë të gjithë vendin dhe t'i privojmë të drejtat e tyre. Nuk ka mënyrë tjetër për të proceduar vetëm për t'i përzënë ata. Ju i shihni në politikat e tyre qesharake, pa marrë parasysh përjashtimet. Vetëm nga edukimi i zakonshëm ndër shekuj, përmes traditave të përbashkëta, interesave të përbashkët, që ky rrezik mund të zbutet dhe do të gjejmë paqen dhe harmoninë e Perandorisë sonë. Le të mos harrojmë atin themelues të tokës sonë. Le të mos harrojmë të kthehemi në natyrën organike. Le të ndalojmë se gënjyeri veten tonë. Ne theksojmë se ne jemi simbol i traditave dhe parimeve që bota i ka zili. Nëse nuk mund ta shesim, atëherë i marrim me qira, nëse ata dëshirojnë thërrimet e tyre. Le të shohim këtë pishtar që lundron dhe të këndojmë himnin e rikuperimit të tokës tonë pa frikë dhe poshtërim.

2 dhjetor 2012

As shpirti, as vullneti nuk do të mbahen në mendje, në lartësinë e pasardhësve dhe varreve të paraardhësve tanë do të jenë emblemat e ngjyrave të fiseve tona. Një epokë e re ka lindur për të revolucionarizuar Evropën dhe në të gjithë fushat, pishtarët fillojnë të flakërojnë nga zjarri, pishtarë gëzimi dhe fitoreje. Veçanërisht për shkaqet sociale dhe goditjet e etnive tona. Revolucionet kanë qenë gjithmone nje luftë e hershme e racave dhe jo nje luftë klasash ashtu siç e interpretojnë për ta justifikuar . Sepse ata gjithmonë kanë pasur një qëllim të vetëm: fuqinë personale. Baza e pushtetit revolucionar, i cili krijon një pasiguri njerëzore, që humbet këmbët dhe vuan agoninë e saj në këtë korsi të maskuar me rrënojat e saj të mbuluara nga kriza artificiale e udhëhequr nga armiqtë e parlamentarëve të kalitur. Çfarë do të thotë demokraci? Dhe më shumë në këtë botë perëndimore, ku orientalizmi u bë një kërkesë në të ardhmen e shoqërisë sonë dhe veshjeve të saj përmes një kundershtimi të provincave tona që nuk kuptojnë dhe nuk pranojnë më pak. Një përfaqësim parlamentar kërkon rend dhe konsolidimin e një gjuhe të përbashkët politike që duhet të thirret pas së njëjtës markë të këtij sistemi simbolik që pohohet në perëndimin tonë.

Të mos harrojmë se rënia ndikon në mungesën e rendit dhe në këtë mënyrë të iniciativës së asaj që duhet të kryejnë duart e Mjeshtrit tonë dhe popullit tonë. Dhe për t'iu përgjigjur së bashku në një drejtim, edhe nëse është i gabuar, ne do ta marrim këtë kthesë dhe do të jemi në gjendje për ta bërë këtë se bashku. Udhëzimi i një lëvizjeje arrin me fjalinë e një historie që kryen këto aventura dhe këto detaje sic njerëzit e verbër kanë mundur të shohin, pamundësinë e një kolapsi kolektiv. Kjo është dëshmia e vullnetit tim për të shkatërruar këtë hicgjë që përfaqëson egoizmin dhe kotësinë e qënieve njerëzore. Unë nuk mund të humbas vetveten, sepse dikush do ta bëjë këtë libër të duket ashtu si unë nuk dua ,dhe unë deshiroj të shkoj përtej asaj që ata mund të imagjinojnë, përtej dëshirës së tyre për të shkaterruar kombet tona nëpërmjet tradhëtive dhe disa kotësive që vazhdojnë të më shokojnë çdo ditë e më shumë. Unë mund të reagoj vetëm në një mënyrë përpara këtyre qenieve të cilet nuk janë më njerëz dhe i ngjajnë tashmë një gjykate kafshësh primitive ... Edhe pse ... Shtetet federale të kombeve Vikinge kanë qenë gjithmonë në interesin e Evropës dhe lidhjeve midis të kaluarës dhe së ardhmes për t'i dhënë rrugë planeve të mia të sotme politike. Ajo që përfaqëson Parlamenti sot, përveç një numri njerëzish, populli i të cilëve as nuk i njeh drejtuesit e tij dhe aq më pak atë që bëjnë ata atje. Ky vend është me të vërtetë një shtesë e muzeut Grévin, muzeu i kokave prej dylli ku mund të shohësh personazhe për të cilat nuk di asgjë përveç emrit. Ju arrini ta kuptoni se të gjithë nuk donin gjë tjetër, përveçse të ishin një kalifë .

5 Dhjetor 2012

Është koha që indekset e para revolucionare të lënë foletë e fshehta dhe varret të lulëzojnë përsëri në të gjithë Evropën, duke nisur të ndezin fushat: nga Franca në Hungari, derisa zjarri t'i marrë të gjithë, të shtyrë nga klasat shoqërore që refuzojnë komunitetet politike që gënjejnë dhe lahen në një banjë plot epsh, në kurrizin punëtorëve që punojnë në kushte të mjerueshme. Punëtori europian jakëblu nuk mund të harrojë plotësisht origjinën e tij ,ai duhet të kuptojë se ai vjen nga fiset që populluan dhe e bënë Evropën këtë komb të madh për të cilin të gjithë ishin xhelozë. Erdha përsëri t'ju jap besimin tonë dhe ndershmërinë tonë në forcën dhe guximin tonë. Por edhe për të fshirë përgjithmonë ato momente të dhimbshme që na dëbuan nga shtëpitë tona , dhe deri në atë pikë që të paguanim edhe çmimin për të vdekur.

Përfaqësim i parlamentar nuk ekziston më. Ky institucion nuk ka më shumë vlerë sesa dera e shtëpisë sime dhe ne duhet ta sfidojmë atë siç po na sfidon ajo sot duke predikuar pesimizmin. Si mund të votoni për mashtruesit për të cilët nuk i dini emrat dhe që marrin paga, avantazhe dhe shumë më tepër në kurriz të taksave dhe punës suaj? Le të mos qëndrojmë duarkryq e të shohim rënien e Perandorisë sonë. Të gjitha këto katastrofa dhe kjo ngrohje globale janë vetëm shenjat e para që pasojnë veprimet e këtyre perbindëshave që shkaterruan bazat tona, sepse ata erdhën si vampirë për të përpirë të gjithë trashëgiminë tonë.

Nuk bëhet fjalë që unë të qëndroj këtu pa reaguar dhe të shoh sesi kombi im shpërbëhet. Unë do të eci në mënyrë graduale për të asgjësuar këta politikanë, që kërkojnë të zgjidhen vetëm për tu parë si perëndi nga populli dhe për të fituar pak famë. Jam kundërpërgjigjur këtyre njerëzve që na kontrollojnë dhe të cilët nuk janë vetëm asgje tjetër vecse një bandë frikacakësh dhe gënjeshtarësh të lirë. Kam kuptuar se nuk i pëlqej parlamentet dhe mbeturinat e tyre që lëshojnë klithma dhe derdhin lotë për kauza tashmë të humbura. Po, këta njerëz kanë vetëm një frikë: që të torturohen nga drejtësia ashtu siç ata ju torturojnë juve sot . Është e nevojshme të anullohen të gjitha privilegjet e monarkisë Bourbone dhe asaj Habsburgase dhe të ndalohet kushdo që nuk e pranon këtë. Është e nevojshme që tani të anullohet çdo dhembshuri dhe të dërgohen në burg të gjithë presidentët dhe ministrat e këtyre vendeve . Pa të drejta dhe telefona, jeta e tyre nuk do të jetë njësoj si ferri ku jeton çdo bashkëqytetar i tyre, të zhytur në humnerën e varfërisë së pashprehur. Unë jam pro lirisë dhe heqjes totale të privilegjeve. Dhe nëse bëjmë nje revolucion, nuk e bëjmë që të huajt të vijnë për të ngrënë bukën tonë dhe për të pirë ujin tonë.

Anëtarët e Parlamentit duhet të na japin një shpjegim, sepse ata janë vetëm zyrtarë të zgjedhur nga ne dhe nuk duhet të fitojnë më shumë se të gjithë zejtarët e thjeshtë. Ata nuk duhet të kenë një privilegj të papërcaktuar të shoqërisë së përbashkët të sigurimeve, të paktën jo më shumë se ajo e të gjithë punëtorëve të papërfillshëm. Barazia e politikës duhet të jetë si një priftëri dhe jo gjithë kërkesa për pushtet siç ndodh sot me këta zotërinj. Një grumbull njerëzish me konkurrencë gjakpirëse, që sfidojnë njëri-tjetrin. Cfarë ndodh me parlamentin?... Nuk mund të ndaloj së qeshuri kur shoh veprimet e politikaneve në parlament , që janë aspak ndryshe nga ato të fëmijëve 5 vjeç ... Unë besoj në kohezionin social demokratik nën flamurin e Evropës së thjeshtë të zonave ku secili do të jepte maksimumin e tij për të bashkëpunuar e për tu përpjekur për të mirën politike të Evropës së bashkuar. Institucioni i votës universale është bërë për të kujtuar këta tradhtarë, të cilët mund të kërkojnë një referendum, për të ndaluar vendin nga çdo lëvizje të tillë si dhe për të rishikuar pikë për pikë një kushtetutë që nuk është asgjë tjetër vecse një shaka vulgare e shkruar në gjakun e një lufte që kushtoi jetën e miliona burrave, grave dhe fëmijëve. Nuk ka asnjë fjalë as intelektuale, as ekonomike, as politike që na vjen nga parlamentet. Të gjitha fjalimet e bukura janë më tepër një dëshmi e sistemit te i tyre, i cili tregon në botë një shfaqje të mjerueshme dhe na bën të qeshim sot. Armët tona e bën tokën të dridhet , ne nuk patëm frikë nga askush për t'i marrë atyre atë cfarë ata nuk do të mund të blejnë kurrë. Atë që nuk ka për të qenë kurrë e tyrja: liria jonë!

8 *Dhjetor* 2012

Kam studiuar, qetësisht, dhe ende ndjej bubullimën e turpit dhe urrejtjes para kësaj shfaqjeje katastrofike të këtyre zyrtarëve të mjeruar, të zgjedhur nga ju, pak a shumë inteligjentë, duke bindur valën e baticës që ishte e nevojshme në këtë komb. E njëjta gjë që kishte shtyrë dhe mbështetur burimet arabe, që sot duhej të gjendej përpara drejtësisë. Jo ajo e miqve! Jo, atë që do t'i vendosë në fletëvotim, në burg, dhe me të vërtetë jashtë hapësirës sonë. Një seri pyetjesh u ngritën atëherë në shpirtin tim. Fillova të njihem me parimin demokratik të "vendimeve të shumicës", bazat e të gjithë sistemit, jo pa i kushtuar një vëmendje serioze vlerave intelektuale dhe morale të burrave, të cilat për cilësinë e zyrtarëve të zgjedhur të kombeve, iu detyrohet një mandati për tu plotësuar. Kështu mësova të kuptoja në të njëjtën kohë institucionin dhe pjesët që e përbënin.

Shqyrtimi im i anëtarit të Kuvendit mori formë në shpirtin tim, për të parë në fund atë që do të mbahej në lidhje me të, në një shtet që duhet të kthehet në drejtim të një mekanizmi zviceran dhe jo të anarkisë së ministrave që përfaqësojnë fytyrën e rënies së njerëzimit. Nuk është më një çështje për mua që të gaboj por unë dua të strukturoj këtë kryeqytet të fisnikërisë së detyrave, dhe duhet ta arrij këtë për lumturinë, në mënyrë që të ndihem përsëri i lire. Evropa Perëndimore mori rrugën e gabuar duke parë në fjalët filozofike një koncept politik të përdorur shpesh nga politikanët në kërkim për të qenë të aftë, edhe frikacakët për të treguar të vërtetën, vetëm të vërtetën e tyre. Por ajo që ekziston pas demokracisë? Motdemoset, motcratoset, absolutisht jo, të gjithë ata që folën gjatë shkelqimit të artë duke ju predikuar gjera të pakuptimta, që çdo ditë kthehet në pak më shumë groteske. Jo, mot DEMOS nënkupton njerëzit dhe CRATOS do të thotë energji. Kështu fuqia nga populli, ose fuqia e popullit, ose fuqia për popullin. Së fundi, ashtu siç e shihni, shumë njerëz jua kanë shitur gjatë dekadave si konceptet më të mira, që supozohet të jenë të lidhura ngushte me lirinë dhe barazinë por që, siç e shihni, nuk kanë të bëjnë fare me demokracinë, por me komplotin e pavërtetë të orkestruar nga grupet politike dhe pasojat e fuqisë individuale. Ky fat i imi përballë politikës, u krijua nga këto grupe që më detyruan të revoltohesha përmes momenteve të mia të urrejtjes, të cilat më zhytën për të më vrarë. Të më bënin të zhdukesha, sepse kishin frikë nga fjala që unë mund t'ju thosha, kjo ndjenjë qe i përket fiseve të zgjedhura Vikinge. Gabimi sot, është që mund të bjerë lehtë në pjesë politike në këtë Evropë pa bindje, që është lënë të kalojë nga ideologjitë e veta dhe duke shitur asgjë më shumë përvecse debatet e stuhishme përballë kamerave për t'ju bërë të besoni në reagimet e tyre. Më pëlqen ideja se ngarkesat e shtetit janë të vështira për t'u menaxhuar. Por në këtë rast, si mund ta lini këtë përgjegjësi nën menaxhimin e atyre njerëzve pa formacione dhe pa ndonjë njohuri për letrat dhe tokën? Në të dy rastet,tregon se është një urdhër i vërtetë i politikes morale që nuk mund të zbatohet në këtë Evropë që duhet të riorganizohet me patjetër. Parlamenti , si një nga organet e shtetit, merr vendime pa dijeninë e problemeve që merren parasysh vetem nga direktivat parlamentare. Por, ku është problemi në të cilin do të më duhet të kthehem natyrisht, është se si t'i zbatojmë të gjitha këto ligje pa mjete konkrete, pa policë me fuqi të vërtetë, që mund tu përgjigjen urdhërave të padrejta, që i përgjigjen popullit të Evropës dhe jo që janë të varur nga politikanët që na drejtojnë.

9 Dhjetor 2012

Shumica nuk duhet të bëhet përgjegjëse sepse ajo nuk e ka idenë e përgjegjësisë së saj kundrejt kombit; dhe ajo shkaktoi drejtimin e vendosmërisë së saj për të bërë përgjegjës veprimet për një qeveri dhe për këtë shef që do të zgjidhet. Shefi është udhëheqësi. Ai është personi që e kthehu grupin drejt një drejtim, dhe njëkohesisht merr përgjegjësi për gabimet, dështimet dhe fitoret e tij. Ai nuk ka frikë të thotë zyrtarisht se çfarë mendon partia e tij dhe se çfarë populli dëshiron për kombin e tij. Një shef është një udhëheqës i cili përgatit një plan, një koncept dhe që e ndjek këtë deri në fund pavarësisht cdo gjëje. Burrat e shtetit duhet të binden me zbutjen e frymës dhe oratorise se tij, duke pranuar parimet e hedhjes dhe marrjes së vendimeve që na nevojiten për momentin kur ato deklarohen. Shefi nuk mund ta parashtrojë pyetjen sot nëse ai arrin apo jo, të përcaktojë shumicën e mbledhjes së asamblesë së tij, por ta ketë këtë asamble për t'i bindur anëtarët dhe federatat e partisë, që të ndihmojnë shefin për të qenë vetëm një dhe për të shtyrë gjërat drejt derës absolute të së vërtetës.

Le të mos e lëmë tumorin ta zaptojë trupin e partisë apo shumë njerëz njesoj siç është rasti sot, dhe të detyrojmë krijimin e nje aksioni të plotë mjekësor, për të hequr këtë helm të kancerit që na ka shkaktuar të bëhemi popull i zymtë që prej shumë kohësh. Ne do të kemi duart e pastra dhe do të lirojmë pamjen e pamundur të kësaj qënie famëkeqe, e cila pastaj thotë, mikun që është armiku në gjithë fuqinë e tij. Unë do të marr helmin e kimioterapisë dhe do t'i detyroja mjekët tanë të praktikonin ndërhyrjen në secilin pacient, për të lënë atje vetëm atë që do të mund të jetonin. Unë ju bëj një pyetje: a ka ndodhur sikur vetëm një herë në jetën tuaj të keni kuptuar një ide, një krijim një koncept para suksesit që e ka fituar këtë? Veprimi i gjeniut duhet të jetë një ofensivë e marrë vetëm nga ai dhe të merret sërish nga kjo masë e vetme, e cila sipas udhëzimit të saj dhe duke përfshirë ketu dhe mënyrën e vetme për tu larguar dhe për ta ndjekur këtë gjeni, i cili do të luftonte deri në vdekje për këta njerëz: keshtu është priftëria e gjeniut të tyre.

Unë refuzoj të shkoj të kënaqem me politikat që ju i dini, sepse unë do të dukem në këtë rast njesoj si këta njerëz nga të cilët nuk dua të ngjajë, pasi nuk dua t'ju fitoj besimin me shtrëngim duarsh në fillimet e mia apo të tjera sjellje qytetare që nuk shërbejnë për asgjë dhe që nuk janë asgjë nga ajo që presim nga populli ynë, duke pasur parasysh se ne duam së fundmi që populli i kombit Gotike, Keltike e Vikinge të jenë vetëm një dhe një zë para të gjitha administratave botërore dhe të diktojnë ligjet që janë tonat dhe që diktojnë botën që nga zanafilla e ekzistencës së njeriut. Asnjëherë nuk do të dorëzohemi përpara të huajve si Mittal. Është rradha e tyre që të vënë veten para nesh dhe të japin nëse jo, ne do të jemi të detyruar ti drejtojnë dhe t'i bëjmë ata të palosen pa asnjë kthim të mundshëm. Mos jini budallenj dhe mos prisni. Ne nuk kemi asgjë për të pritur. Pastaj le të marrim si gjithmonë guximin dhe nderin tonë. Le të bllokojmë dhe të arrijmë në pushtet për të ndryshuar fytyrën e kombit tonë pa dëgjuar konspiratorët. Udhëzuesi duhet të zgjidhë konfliktet me gjithë ndershmërinë që i detyrohet. Nuk duhet të harrojmë se i kemi të gjitha detyrat ndaj komunitetit dhe detyrimet për të predikuar nderin e popullit tonë. Le të mos jemi këta politikanë që janë vetëm gënjeshtarë të lirë, të tillë si grabitës në javën e vogël. Le të jemi të denjë dhe të marrim përsëri anën e asaj që politikanët duan prej nesh dhe atë që ata duan të bëjnë prej nesh për të përdorur peshën e përgjegjësive të tyre, të kryera nga njerëz të këqij jo vetë. Është një njeri që ndërton dhe jo një grup. Është një njeri që udhëheq dhe jo një grup. Një shef, një udhëzues është i nevojshëm. Ai në të cilën mund të mbahemi dhe të pranojmë dobësitë e tij. Një burrë që gjen zgjidhjet në minutë, madje edhe pa e kaluar problemin nga një administratë e ndalimeve kolektive që shohin në punë vetëm zellin për të marrë bonus pa pretendime në fund të vitit. Është jashtëzakonisht e rrezikshme të shihet sot se anëtarët e parlamentit përpiqen të tërheqin mbulesën për të krijuar një autoritet i cili zëvendëson shefin ose e detyron atë të japë me të njëjtin autoritet në të djathtë që përfaqëson. Kjo masë e njëjtë që e shpërdoron çdo ditë me ajrin e saj superior. Dhe unë pres ditën kur unë do t'i shoh ato si në Shtetet e Bashkuara, model për të gjithë këta komplotistët që shesin një shenjë "Unë jam një politikan, unë jam mashtrues. Unë ju kam vjedhur, ju dhe bashkëqytetarët e mi ". Ne këtë ditë atje, ne do të kemi fituar më në fund veten duke u thënë atyre demokraci. Por për momentin, është e qartë që ne nuk e njohim apo respektojmë kushtetutën, për sa kohë që ata që e votojnë predikojnë në privilegjet e Napoleonit ose të Bourbonasve.

13 dhjetor 2012

Unë mendoj se kemi nevojë për një institucion modern për të reformuar një sovranitet parlamentar. Kjo është ajo që shtypi mund të ketë frikë, sepse ajo tallet me këtë asamble përderisa kjo nuk është e gatshme të reflektojë dhe ta gjykojë këtë pavarësi që i takon atij. Janë këta drejtues që nuk kanë nevojë vetëm për këto monumente që përfaqësojnë vlerat e revolucionit francez dhe ky gjak i derdhur dhe i përgatitur, i shtyrë nga Robespierre dhe Danton, bie në ligësinë e këtyre njerëzve që duan të devijojnë drejtimin edhe këtë simbol që duhet të luftojë kundër padrejtësive dhe zbulojnë një fytyrë patriotike , por jo atë të burrave të klasës së mesme të vogël. Evropa është e tejmbushur me një politikë plot me thirrje dhe fyerje, duke bërë të mundur që ngjalat të kalojnë dhe të tregojnë lekurën, ndërsa ato janë aty për të përfituar vetëm nga fundi i një sistemi me qëllim që të mbledhin prej tyre pjesët e dëmtuara nga korrozioni i acideve e keqdashës. Të gjithë duan një vend në rreshtat e paprekshëm, të cilat janë pikerisht ato kundër të cilave askush nuk mund të bëjë asgjë. Po, unë po ju them. Lui d' XVI vdiq dhe është shumë mirë kështu. Pra, nuk do të ketë rreshta ose tituj që të prisni nëse nuk bëni gjithcka për t'i fituar ato. Është e nevojshme që të shkatërrohen të gjitha privilegjet e papërcaktuar ose ka ndonjë çmim që ai ka.

Nuk është për shkak se dikush vendos një sistem vendesh dhe të tjerët duhet ta mbajmë. Nëse dikush jeton përmes një sistemi ekonomik si RSA, në këtë rast, pyetja është që të bëjmë në këmbim të një pune për komunitetin dhe të bëhemi si pasojë e pazëvendësueshme. Nuk mund të ketë më banues të stacioneve dhe stacionet që do të mbërrijnë në shtet për tu fshehur nga dielli. Pasojat e këtyre stacioneve dhe njerëzve janë gjithmonë të dëmshme dhe katastrofike. Këto sjellje në Parlament janë seriozisht të rrezikshme dhe në buzë të të papranueshmes, madje ndoshta të saktë. Shefi i emëruar do të ketë më në fund zgjidhjen e problemeve dhe do të vendosë pa u ndalur në qoftë se ka marrë pjesë në të kaluarën, dhe nuk ka qenë i pranishëm në krye të shefave që kërkojnë të përdorin ende fuqinë për të zbrazur strukturat e saj. Është e paimagjinueshme të fitosh përmes negociatave. E gjitha kjo për të pasur një shumicë të përkohshme e cila nuk mund të pajtohet me shpirtrat e imët dhe me gjasë të krijojë një aktivitet politik përveç standardeve. Si mund tu besohet politikanëve që i ngjajnë tregtarëve të mediokriturave dhe aktet publike të të cilave nuk ekzistojnë dhe gjithmonë kthehen ende në të njëjtën fjali pambarimisht? Fjalia e njohur

"Unë nuk jam i njohur me këtë rast, por është e qartë se ne duhet ta shqyrtojmë atë në thellësi". Dosjet nuk janë peshq dhe zyrtarët e zgjedhur nuk janë magjistarë. Çfarë ka në kuvend janë thjesht njerëzit që nuk e shikojnë përgjegjësinë për një jetë si një ushtar ku ju vendosni jetën tuaj në duart e tij dhe përsëri ata e anashkalojnë këtë? Është kjo ndjenjë besimi që mbart shpirtin lartë dhe të fortë duke fituar punë të përbashkët. Rënia e këtyre asgjësuesve është e regjistruar në yje. Ndërsa druidët parashikojnë shtigjet e këqija ndaj tyre, burrat si për ta, do ta bëjnë me armët e tyre. Dënimi për të paguar çmimin e turpit që ka dalë nga kjo vatër në të keqen e qëndrueshmërisë dhe shpirtit të lirë. Frikacakë. Është kjo ajo që karakterizon gjithë udhëheqësit tanë. Që prej shumë kohësh të gjitha atributet e vartësve kane qenë se kush do të kishte ushqim për kombin dhe në vend të kesaj, termi u shtremberua drejt e në skandalin e zhurmave të tyre ... Rritja është intensiteti i fuqisë dhe përmes thirrjeve do të shohim një njeri fisnik duke iu afruar, për të fshehur bashkëpunëtorët që lajnë veten nga çdo përgjegjësi dhe që refuzojnë përgjegjësinë e veprimeve të tyre. Si një profesor i vogël, i zellshëm e gjej veten duke diskutuar me një sipërmarrës të zjarrtë nën shtetin dhe që nuk kupton.

15 dhjetor 2012

Nëse mendojmë se bindjet fetare përfshihen shumë thellë në mendjet njerëzore, atëherë mund të themi se mendimet politike janë shumë më të forta nëse kanë një kuptim të vërtetë. Ato e përgatisin zemrën e njeriut që nga formimi i tij dhe deri te dëshira e tij për t'u bërë pjesë e një propagande kulturore, për të gjetur në të qëllimin e Graalit: çështjen. Fryma krenare e punës mund të merret me anë të komunikimit të thjeshtë ose vazhdon, duke predikuar rreth saj mësimdhënie mbi modelin e politikës ose politikave që menaxhojnë dhe dëshirojnë të zotërojnë në duart e tyre këtë pjesë të jetës dhe shpirtit. Vëmendje, qe të mos bini në duart e fuqive shkatërruese që e lavdërojnë atë malinj nga frika dhe turpi i rezultatit total të botës, si një e tërë. A ka një makinë për të edukuar njerëzit dhe që mund të përcaktojë saktësisht aspiratat më të ndryshme të shtetit sovran? Kush e kontrollon atë që nuk mund të verifikohet nën një shtresë bastesh dhe përfitimesh, për të cilat personat e ngarkuar kurrë nuk dënohen sepse mbrohen nga një shtresë komunitetesh, të gatshëm për të justifikuar komplotet e familjeve kryesore që janë të huaj dhe që përpiqen të shkrihen me masën? Ata që gjithmonë do ti njohim si këta sharlatanët e bonapartistëve dhe burbonëve.

Një shtyp që vazhdon të luajë lojën e shtetit për të marrë një detaj qesharak, një ujdi shtetërore. Kjo është një Twitter ose një lugë e shmangies së taksave, ndërkohë që dihet qe prej dhjetëra vitesh, që nga ajo që bëjnë këta bashkëpunëtorë të pushtetit, të cilët janë të gatshëm të luajnë një shirit shumë të menduar, të cilat mund të shkaktojnë probleme të tretjes në organet e shtetit. Në vend që t'i lënë këta emra të pavlerë, e të ndalojnë së krijuari popullaritet për ta që ju, njerëz i bletë pa i vrenjtur vetullat, dhe të cilat nuk kanë ndonjë vlerë dhe që fjala e veteme që thonë janë dyert e flamunjve, opinionet e liderave politike që zhvendosen sa nga e majta në të djathtë duke luajtur me shpirtrat e dobët. Unë nuk mund të shoqërohem me këtë bandë plot gënjeshtra dhe shpifje që thuhen nga këto grupe të fuqishme që besojnë se janë të paprekshme sepse kanë pushtet dhe se ruhen nga truproja brenda makinës luksoze, dhe keto truproja janë vetëm ca huliganë të rrezikshëm, të cilët do t'i paguajnë të gjitha krimet si dhe komplotet e këtyre njerëzve. Ju nuk shërbeni si gazeta për ata që jetojnë mbi punën tuaj mes komploteve që ata vetë ndërtojnë, sepse një ditë ose një tjetër, këto agjenci të njëjta shtypi do t'ju kthejnë në një humnerë bosh, dhe ky do të ishte qëndrimi juaj vetëm. Këta kriminelë ndihen të paprekshëm dhe me kredi të fuqishme, me shumë për t'ju shmangur të paktën një pjesë të Eur, gjë që do t'i bëjë ata të jenë suprem për ti goditur të gjitha këto viktimave dhe ty, për kënaqësinë e tyre, vetëm të të shkatërrojnë pa mëshirë, me të qeshura, ulërima të gëzimit dhe kënaqësisë si romakët e mjaftueshëm të Neronit për të djegur qytetin e tyre, sepse vetëm kjo shfaqje mund të jetë simbol i ndonjë fuqie njerëzore në këtë tokë dhe t'i tejkalojë dhe zotat, të krijuara nga po këta njerëz. Nëse ata nuk gjejnë mënyrën e mbylljes së kompanive tuaja atëherë ata do të shkojnë deri në denoncimin e tyre, për të krijuar nga çdo pjesë një komplot me fatkeqësi për të likuiduar. Po, është kjo vendosje me vdekje të cilën ata e pëlqejnë dhe jo prodhimi i të cilave nuk kanë absolutisht asgjë më shumë për të nxjerrë, sepse secili nga këta miliarderë fitojnë më shumë para në minierat e komoditeteve dhe hidrokarbureve, të cilat ndodhen në pompat e punëtorëve por që nuk përdoren për asgjë më shumë sesa per demonstrate e greva. Ata gjejnë madje një kënaqësi të caktuar atje për të parë burrat që shpërthejnë për urinë në rrugë. Nëse ata dorëzojnë gjysmë shekulli, kjo çuditërisht vë në dukje personazhet e Harlem që shërbejnë supë si duka i famshëm. Mos harroni se ata nuk mendojnë si ju dhe se rëndësia e tyre nuk është krejtësisht në të kundërtën … Natyrisht, shumicën e kohës nuk është se keni ndonjë gjë të re që ju vjen dhe më thoni cilat janë alternativat? A ka të paktën? Dhe unë do t'ju them po. Në të vërtetë, sot, të gjithë në Francë dhe Evropë mund të mbajnë punën e tyre ose të gjejnë një, por nuk duhet të votoni në këtë rast për këta politikanë të llojeve që nuk janë kompetente. Është e nevojshme të thuhet jo, çdo sulmuesi çfarëdo qoftë dhe të krijohet një ekonomi tregu dhe proteksionizmi një Europe të fortë, të pandashme dhe madje edhe me procedurën që duhet ndjekur. Por a mendoni seriozisht se këta njerëz që keni zgjedhur për më shumë se 50 vite janë të afte të drejtojnë edhe pse ata nuk janë as në gjendje të drejtojnë një kompani apo të paktën të kuptojnë hierarkinë e saj?

15 dhjetor 2012

Por, pas së gjithave, cili u bë opinioni publik?? A ka anëtarë të Parlamentit të aftë për të reaguar, për t'u angazhuar, për të luftuar dhe për të mbajtur fjalime koherente pa pasur nevojë të gërmojnë në rërë për të gjetur ujë të pijshëm? Për shembull, ata mund të bëjnë dhe të materializojnë të ardhmen e kombit tonë, sepse qëllimi i tyre i vetëm është shkaku i kësaj ideologjie. Një bibliotekë nuk do të ishte e mjaftueshme për të shpjeguar detajet e personave që marrin pjesë në asamblete parlamentare që njihen me emërime të tilla si senatori, të cilët në të vërtetë nuk janë të dobishëm për të mbrojtur interesat tuaja ... Dhe interesi i tyre i vetëm është të mbrojnë vetveten dhe të zhvasin për aq kohë sa të kenë mundesi. Politikat janë përpjekur t'ju gënjejnë duke predikuar vlerat pa rregulla të tilla si pavarësia e pushteteve dhe duke e konsideruar veten si të paanshëm. Ata të cilët ju përdorin për aq kohë sa iu nevojitet vota juaj, dhe më pas, sic e dini askush nuk bën asgjë për ju dhe askush nuk është në gjendje t'i përgjigjet kërkesave tuaja . Si mund të prisni që një deputet, i cili nuk ka jetuar kurrë idenë e organizimit të një fondi shumëkombësh ose investimi mund të marrë pjesë në mbrojtjen e interesave tuaja duke marrë në konsideratë atë që është vendosur nga grupi i dështimeve në të cilat është vendosur dhe që nuk do të jetë në gjendje të kuptojë dhe për këtë janë të nevojshme 3 deri në 4 goditje e më pas jenë në gjendje të marrin në konsideratë çdo mundësi. Si mund të vendosin këta anëtarë të Parlamentit dhe të marrin direktiva pa i ditur çelësat e tyre? Do të ishte njësoj si ti jepje një formulë matematikore një fëmijë 9 vjeçar. Sigurisht, shembulli është i habitshëm por edhe shumë i drejtë! Financat nuk janë shpikur dhe nuk mësohen me zjarrin në qoshe. Ne nuk jemi në serinë e detektivit të zonës së tretë ku tashmë e dimë se kush e vrau atë. Ne jemi në themelimin e shekullit të 21-të dhe ne mbrojmë kombin evropian e tani bota na dëshiron dhe na ka zili. Atëherë pse nuk jemi në gjendje t'i përgjigjemi të vërtetës absolute? Cili është realiteti i këtyre administratave të ndryshme që referohen vazhdimisht për t'u vërtetuar nga anëtarët e Parlamentit të cilët kanë raundin e dytë për të konfirmuar veprimet joekzistuese në të njëjtat vendime të vullnetit të gënjeshtrës kolektive. Këto qeveri nuk kanë më nevojë nëse ajo është te parlamentet dhe të perdorin sistemin e tij vetëm në rastet e forcave të mëdha për të raportuar vendimet e tyre.Dhe unë ju pyes atëherë, ku është balanci i fuqisë në këto raste? Mos mashtroni . Qeveria është përgjegjëse për të gjithë, por edhe për anëtarët e Parlamentit, sepse ata duhet të futen në tregues publik si deputetë të tillë si Shënjtor, me agresivitetin që ishte e nevojshme për këtë revolucion të imponohe dhe të merrte iniciativën për të anulluar privilegjet dhe vendosur para popullit dhe kombit, që këta vetë duke i thënë udhëheqësit të përgjigjen për jetën e tyre me gjakun e tyre të së vërtetës që duhet të marrë nga direktivat politike. Ky revolucion për të cilin unë I ftoj të gjithë sot për ta kujtuar, ndërsa kjo është bërë në një banjë gjaku që nuk u ndal më në emër të lirisë dhe mashtruesit e të cilëve pretendojnë veten ndërsa të gjithë do të ishin gijotinë duke marrë parasysh shpejtësinë për ta përfunduar atë Komision të Përshëndetjes publike drejtuar nga Robespierre, karakter ekstravagant dhe kokëfortë politikë, duke injoruar të mirën dhe duke pasur bindje vetëm për virtytin që i dha atij fuqi të thërrasë terrorin që ndjihet në fjalët e tij te një himn që reflekton dhunën e një lufte të kryer për imazhin e një njeriu. Që prej shekullit te 11-të deri më sot, Vikingët dinin të sillnin tek populli i tyre traditat për të dhënë frytet e saj nëpërmjet ligjeve të tyre, siç donte Uilliam Pushtuesi për të zbukuruar jetën e subjekteve të tij dhe duke përfshirë nevojën për të ndarë në njësi ligjin, për ta respektuar atë dhe për ta zbatuar atë me çmimin e së pari duke gjykuar ata që duhet ta zbatojnë atë, që ata të jenë politikanë, nëpunës civil ose të gjithë autoritetet për të zbatuar këto parime të autoritetit të drejtuar. Por është e vërtetë që, që nga revolucioni amerikan, ideja për të pasur një përfaqësim të qeverisë së shtatëqeverisjes i kishte dhënë popullit një përshtypje më të shëndetshme, por për fat të keq u kthye në të neveritshme e të pandershme, e cila u bë gjithnjë e më shumë një koncept i marrëzirave që donin të besonin se një votimi universal mund të jetë një vendim i popullit, ndërkohë që kjo përfaqësonte një armiqësi edhe më të fortë që tregon shprehjen e mirënjohur për mua "për t'u kthyer prapa për kërcim më të mirë". Për të zgjidhur problemet, dhe në fakt problemet e popullit të kombeve Vikinge, nuk janë të afërta me të gjithë. Është e nevojshme të zhytemi në shumëllojshmërinë e problemeve për t'i zgjidhur dhe përzgjedhur ato në grupe, për të formuar koncepte të cilat do të jenë në gjendje t'i përgjigjen vizioneve të ardhshme, të të gjithë dëshirave tona. Është e nevojshme të krijohet një forum për të mbledhur kërkesat për secilën prej tyre dhe për t'i analizuar ato për t'iu përgjigjur dhe për t'u dhënë kënaqësi të plotë kulturës dhe identitetit të popullit tonë.

20 Dhjetor 2012

E ardhmja e një shteti, e një kombi, nuk është lojë pokeri. Edhe më pakëz se një lojë që luhet midis admiruesve në një kazino. Kombi nuk shitet me ofertuesin më të lartë sepse nuk mund të shesim atë që nuk është me ne. Të gjithë këta anëtarë të Parlamentit janë ata të papërgjegjshëmit që do të duhet të kalojnë përpara Komitetit të Përshëndetjes së Vetëm të Shenjtë për t'u përgjigjur për krimet e tyre jo për ndonjë gjë. Sepse është problemi atje! Në këtë Europë të madhe, politika nuk bën asgjë për të shmangur kodin e njohur të Napoleonit, me të cilin duhet të bëjmë vetëm një gjë … Por unë jam shumë i rafinuar për ta thënë. Në pjesën më të madhe të kohës anëtarët e Parlamentit nuk kanë njohuri. Por ata nuk kanë as mundësitë intelektuale për të marrë direktiva për çështje që i shpëtojnë plotësisht dhe që paraqesin probleme të ndërgjegjes, duke pasur parasysh se ata nuk dinë t'i menaxhojnë ato. Një nevojë për drejtësi në shtetin, kombin, politikën dhe ekonominë e së nesërmes. Njerëzit e Evropës kanë nevojë për shtetësi të mirë dhe për respektimin ndaj të tjerëve, duke filluar me anëtarët e Parlamentit dhe policinë e tyre, të cilët duhet të jenë përpara popullit dhe shtetit. Nuk ka më udhëheqës dhe e shoh ketë çdo ditë që nga mënyra se si njerëzit udhëheqin atë që është reale skandalin dhe turpin për ndërgjegjen kolektive. Vendimi merret në grup dhe kështu nuk është e nevojshme për të shkuar në një ishull të shkretë. Është e nevojshme të mos besohet se një ligj mund të ndërhyjë në mënyrë të menjëhershëm në përdorimin e ekonomisë së politikës, kur edhe një nëpunës I thjeshtë civil nuk i respekton këta drejtuesa, sepse nuk janë shefa të cilët mund të ndjekesh dhe për të cilet të mund të jesh krenarë . Le të mos bien në ndershmërinë që përfaqëson gjënë e shëmtuar dhe më tepër në imazhin e vërtetë nga vetja edhe përmes vlerave të së kaluarës për një të ardhme që ndriçon këtë ditë. Le të mos presim dhe të marrim vendimet që ndryshojnë botën tonë menjëherë. Në më pak se 4 vjet unë do të ngre kombin tonë në rreshtin e parë dhe e gjithë bota do të na drejtohet, sepse do të jemi ne pamjet që të gjithë do të kopjojnë duke protestuar për këngët tona. Është e domosdoshme që anëtarët e Parlamentit të udhëhiqen nga një parti që voton në një gjendje të arsyeshme për qëllim që të lirojë në maksimum të vërtetat që i nënshtrohen atij në kohën e votave. Komitetet duhet të jenë atje për t'u përgjigjur dhe trajnuar këta anëtarë të Parlamentit dhe për t'u dhënë atyre një eksperiment për të promovuar në terren një koncept që do të jetë i njëjti nga maja e makinës me fundin e kësaj, nëse ka një nivel të lartë dhe një fund gjithashtu, në një mënyrë të caktuar të imagjinojmë imazhin e një partie tradicionale. Nuk mund të lë të përgjigjen drejtuesit e politikës që besojnë se janë të paprekshem, sepse dukshëm në tavolinat e tyre të vogla, në të cilat ata janë me të vërtetë. Dhe unë nuk do të kem frikë t'i them se tani duhet të largohen dhe të mos kthehen më. Këta njerëz ju bëjnë të besoni që nëse ata largohen vendi do të përfundojë në kaos. Por cfarë është ajo tani? A nuk është ky kaos, arsyeja e pamundur dhe shkatërrimi total? Po këto zero janë më tepër të kufizuara, për të besuar se ato janë thelbësore për jetën tonë. Askush nuk është thelbësor; është e domosdoshme të bëhemi esencialë për të qenë ajo dhe nuk mund të them se politika e këtyre 65 viteve të fundit u shënua nga fakti i të qënit thelbësor, por ngaqë ishte një nullitet i mjerë i komplimenteve, egoista që dëshironin të kishin botën me këmbët e saj të diktatorëve të tillë, të cilët ata ndoqën dhe u bënë edhe miqësorë me të aq shumë saqë kjo fuqi shkaktoi dhe prishjen. Ju e dini mirë se të gjitha vendimet që janë marrë dhe natyrisht ato të këqija për një vend nuk janë përgjegjësi për askënd. Dhe unë dua të jem përgjegjës për të gjitha gjërat në të cilat unë do të angazhohem për kombin tonë dhe do të sjell që nga kohët e para veprimet që do ta bëjnë kombin tonë më të madhin në botë, sepse ne jemi vetëm dhe të vetmit. Dhe për këtë arsye të gjithë duan të vijnë në ambientet tona kur janë të pasur natyrisht.

21 dhjetor 2012

Bota politike e predikon demokracinë. Por cila është ajo sot, nëse nuk është një fjalë e përdorur shumë lehtë nga shpirtrat e errët apo të varfër? Unë nuk mund të pranoj më anëtarët e Parlamentit të sotëm që vijnë nga jashtë për të më mësuar mësimet dhe për të na mësuar se çfarë përfaqëson revolucioni francez. Nga frika se do të jemi në gjendje të rrëzojmë të dobëtit dhe të zbulojmë frikacakët, sepse vetëm mund të mbesin mbrojtësit e të drejtave të vikingëve tanë, të Keltikëve dhe Gotikëve dhe të mos dobësohen më shumë nga antagonizmat evropiane. Parlamentet jetojnë dhe votojnë në dëm të popullit , të Evropës dhe ende nuk e kuptojnë cilësinë rajonale të ndarjes për një perandori të madhe ... Për Perandorinë. Që janë Normandia, Transilvania, Katalonia, Baskia, Britania, Sicilia ... Të gjithë kanë të drejtë dhe detyrë të organizojnë komitete rajonale që bëjnë të mundur marrjen e vendimeve më të shpejta dhe ekonomike ,politike dhe sigurisht ushtarake, veçanërisht kur keta ishuj janë të kërcënuar nga tejkalimet e emigrantëve që vijnë duke predikuar demokraci të re, si dikush që dëshiron të na bëjë ta dëgjojmë. Unë nuk dua të kem turp për atë që jam dhe nuk do të jem i dobët para deputetëve të Parlamentit, të cilët i reduktojnë njerëzit tanë me njëri-tjetrin. Eshte koha për ne që të sjellim bashkë cdo gjë tonën e jo ti pyesim nëse janë dakort apo jo. Por nga kutitë e votimit për t'u rikthyer në fushatat tona. Ne nuk duhet të paguajmë më shpenzimet dhe të organizojmë vetëm një Europë, e cila jeton vetëm përmes traditave tona. Është ky identiteti, i cili është i lindur në mënyrë të përsëritur dhe nuk pranohet që të jetojë në rritjen e një liberalizmi patriotik, shpesh kuptohet keq kur disa mund të gjejnë aty aspiratat e gabuara. Ne nuk jemi një Europën e vjetër, por një vend i ngarkuar për Historinë qe egziston për ta rindërtuar botën dhe që mbi të gjitha nuk ka nevojë për të tjerët, por që e udheheq botën. Kjo tokë do të kthehet falë nesh. Ne jemi kreativiteti, shpirti, vizioni dhe shpërthimi i një imazhi vazhdimisht në kërkim të një njohurie për të bërë atë që na karakterizon. Çfarë mund të shkojë më keq sot, kur dikush e sheh vrullimin e secilit dhe mediokritetin e atyre që na kontrollojnë edhe kur shkruajmë nje tekst për ta, aq sa nuk e vënë në pikëpyetje konceptin për t'i animuar ata që janë vetëm kukulla në shërbim të grupeve që në fakt drejtohen dhe që janë një frymë që duan të hanë një pjesë të kësaj tortë të shijshme. Nënshtrimi i një fitorje njëditore nuk mund të jetë apoteoza e një kombi, por zhurmat entuziaste të njerëzve tregojnë se në cilën pikë ideologjia dhe praktika e një udhëheqësi mund të jetë rruga që çon në ringjalljen e politikës dhe veprimit të kësaj në ekonominë e vet për aq kohë sa në vizionin e tij ka rritje të huaj. Cila është fryma që ta bej të ndodhë? E pra ... Të gjitha këto qeveri që pasojnë njëra-tjetren na çojnë drejt shkatërrimit gjithmonë e më shumë. Dhe më e keqja, nga të gjitha mënyrat që ata mund të gjejnë. Atëherë ju më thoni, cilat janë interesat dhe grupet që qëndrojnë prapa besimit të tyre, ka dhoma të rëndësishme në gjendjen e ardhme të një rendi të ri botëror që do të drejtohej nga kompanitë jo sekrete, por elitiste apo që të kthehen është e nevojshme të ketë pasuri të caktuara në duart.

Anëtarët e Parlamentit janë fajtorët që ju kërkoni, sepse i kanë lavdëruar qeveritë që kanë vetëm një qellim në kokë: që të mbajnë fuqinë për të kontrolluar një autoritet pseudonim e megjithatë tradhtojnë me mijëra herë dhe duke përdorur në të gjitha aspektet me anë të të cilave mund të kontrollojne këtë frymë të varfër. Në fakt, unë do t'ju bëj një krahasim me median. Disa vite më parë, një numër i pasuesve të varfër u kthyen në media dhe drejtuesit i pëlqyen ata sepse ishin shumë të thjeshtë për ti menaxhuar. Problemi është se që nga ky moment, nuk ka krijim, as inovacion dhe ne u lagëm në rikontradimin e produkteve që tashmë kanë dhënë kredi me punësim. Unë nuk do të citoj personin që do të njohë veten dhe kush më tha që një ditë, në kompaninë e tij të regjistrimit, kishte bërë të dëgjonte një muzikë në të cilën një drejtor i varfër i artit i kishte thënë atij se duhet të merrte përsëri "disa shënime këtu e atje ". Dhe sigurisht, ky person do ta realizonte kur ajo preferonte të shkonte e të shijonte fundjavën në anën e saj, duke u kthyer në etiketë të hënën dhe duke luajtur të njëjtën këngë. Pa askënd që të prekte atje, drejtori i artit e kënaqte veten, me këtë version të ri që ai mendonte se ishte një tub. Këtu saktësisht, me imazhin e ekonomisë, e cila është politika.

24 dhjetor 2012

Pavarësia dhe liria e pushtetit të anëtarëve të Parlamentit shpesh kërcënohen nga këto grupe të gatshme për të përdorur mjete të paligjshme si shtypësit e vërtetë. Në fakt, unë nuk jam atje për të predikuar për një shtet, por për mbrojtjen e traditave të Vikingëve, Keltëve, Gotikëve, që e bënë Evropën këtë komb të madh. Erdha për të kujtuar atë lartesi dhe fuqi pa asnjë kompleks. Barazia nuk është në mes të debateve, për të cilat nuk është respektuar kurrë protokolli , në këto grupe që, duke u ndier më të ulët, preferojnë ta kthejnë atë, përveç një shteti të mërgimit në mënyra te tjera që shpesh janë mjaft të vështira. Skllavëria nuk ekziston në mjediset tona dhe nuk ka ekzistuar kurrë në kuptimin që disa fise ose njerëz të caktuar nga kontinentet e tjera duan ta përdorin atë edhe sot. E drejta e vikingëve ka përparësi mbi të drejtën e politikave dhe të anëtarëve të parlamentit dhe ne duhet t'i kujtojmë ata në një mënyrë të fuqishme për të na larguar përgjithmonë nga këta udhëheqës të mashtrimeve dhe galurive. Lufta jonë me lumturi u krijua nga identitetet tona kulturore dhe të drejtat tona për të jetuar në një barazi të përsosur midis burrave dhe grave dhe pa specifikuar protokollin që mbartin .Jam gati të luftoj për ekzistencën time dhe i gatshëm me çdo sakrificë për këtë liri të predikuar në disa raste nga fiset tona të kryqëzatave në luftërat vëllavrasëse. Unë ju kërkoj që të ndreqni kokat tuaja dhe të vendoseni në konflikt me njerëzit që vërtet I meritojnë gjykimet e etërve tanë. Unë nuk dua që ndonjë të flas për ndryshimin, dhe mjaft thjesht sepse pas gjetjes së rrënjëve të mia, tokës sime që respekton vlerat e gjyshërve të mi. Unë them: se çdo person që nuk është në pajtim me fiset tona ka zgjedhjen që të fillojë të kërkojë lejet tona. Unë them mirë "në lejet tona", sepse kurrë nuk ka qenë ndryshe. Fiset mblidhen nën standardin e runeve për të qenë vetëm një dhe madje edhe ndryshe të armatosur e në kaos dhe unë do të isha i gatshëm të flisja për jetën, e cila nuk do ta dijë se ti beson. Sepse vdekja ime tashmë është e shkruar dhe unë jam atje për të arritur rrugën e njeriut që unë jam nga vullneti i njerëzve të lirë dhe krenar. Tribu! Ne bashkohemi së bashku përreth dhe madje idesë dhe nuk do mundemi nga mashtrimit. Ligjet e teoricienëve ekzistojnë vetëm për t'ju shkatërruar dhe për t'ju bërë të humbni ndërgjegjen. Shikoni se çfarë jeni bërë: qengja deri në pikën që ju autorizojnë të paguani taksat për një shtëpi, një trashëgimi familjare që prindërit tuaj tashmë e kanë paguar. A nuk është kjo mënyra për të vjedhur dhe për të mos lejuar që ti të jesh pronar dhe të ndash të mirat e tua midis vëllezërve dhe motrave? Dinastia jonë Na nuk duhet të rishfaqet sepse ajo është atje, gjithmonë ka qenë dhe gjithmonë do të jetë po atje. Sigurisht që u prekën nga politikat që preferonin të rriteshin më shumë se sa të jetonin në angazhimin e tyre të vërtetë, por e kaluara është e kaluara dhe ne nuk kemi nevojë ende të ribëjmë ende të njëjtat gabime. Është e nevojshme që ne tani të ngremë kokën dhe të luftojmë në të njëjtin drejtim për një politikë, për një ekonomi dhe një financim: që do të jete e jona.Është e domosdoshme që në një Parlament të plotë synohen që zërat të ngrihen dhe të lavdërojnë vizionin e vërtetë të botës së ripërtërirë dhe që besojnë në vetëm një dhe madje doktrinat të jenë në gjendje të jetojnë në këtë harmoni gëzimi që do të luftojë anën e Evropës së madhe. Kjo ku të gjithë janë krenarë sepse do të mblidhen më në fund me ne rreth miteve tona. Krenarë ti shikoni larg këta njerëz pa kultura, identitet dhe traditë. A duhet një luftë për të na gjetur? A është e domosdoshme që të bëjmë grupet e industrisë që presin vetëm luftërat dhe krizat ekonomike për të na mbledhur? Ne mblidhemi dhe ne mundemi sot që ta bëjmë kombin tonë të madh, këtë Evropë të madhe, kjo dinasti që përqendron botën.

24 dhjetor 2012

I çuditur që miqtë e mi të këtyre politikave, jetojnë me bollëk dhe e lejojnë vetveten të shfrytëzohen nga njerëz të klasës së mesme dhe të punës që janë shtyrë plotësisht dhe në të vërtetë kanë përfunduar. Ata nuk kanë ndonjë interes në asnjë rast ... Të gjithë këta mashtrues kanë vetëm një frikë: është frika për të humbur pasurinë e tyre. Ata i japin njëri-tjetrit një të drejtë rezervë e cila u mundëson atyre të tërhiqen vazhdimisht dhe keshtu ata kthehen në mjeshtra për këtë gjë. Le të jemi të sinqertë.

Ju absolutisht nuk e kuptoni se çfarë ndodhi gjatë ndryshimit të mundesive financiare të vitit 2000 dhe se si tregjet e Evropës u shkatërruan nga NYSE dhe mundësive financiare nga Hong Kongu dhe India. Edhe më pak në këtë Europë që shihej duke u lindur pa kushtetutë dhe pa model, në vend që të riparonte indekset e vërteta të ekonomive të tilla si, për shembull, fuçitë e naftës në Euro dhe jo dollarë, pastaj në Eur, që kërkon një humbje të madhe të parave. Atëherë do të më thoni. Çfarë bënë këta anëtarë të parlamentit gjatë kësaj kohe kur duhej të luftonin për të mbrojtur Eur, tregun e bursës, shkëmbimet e kolateralit? Asgjë! Sepse si mundet një person që nuk ka njohuri për këtë punë të fillojë të imagjinojë një strategji? Për shembull, imagjinoni një hidraulik dhe kërkoni që ai të riparojë një motor. Epo kjo është pak a shumë e njëjta gjë.

Është e nevojshme që masa të kërkojë të lëvizë në të njëjtin drejtim për të triumfuar dhe për të krijuar luftën e nevojshme për të bllokuar dhe liruar për të mirën e kombit. Problemi i popullit sot, është i kuptueshëm vetëm nëse strategjia dhe ekonomia e financave drejtohet nga një politikë e kryer nga vetëm një parti dhe vetëm një udhëheqës. Nuk mund të shkojnë në tre mënyra të ndryshme për të arritur në majë të malit, kur dihet se shkon deri në krye dhe në fund dhe e anashkalon atë. Njerezit e klasës së mesme gjithmonë kanë luftuar në anën e pasme të punëtorëve të kaltër dhe të punëdhënësve të vegjël për t'i dhënë atyre ndonjë vlerë, edhe pse e dinin mirë se nuk kishte dalje, përveç se ajo e zgjedhjeve. Është e domosdoshme të ulësh një grup partizanësh që të fitosh zërin e votuesve dhe të krijosh nëpërmjet kësaj lëvizjeje në turmë, një organizatë të vërtetë e cila komprometon të gjitha strategjitë që ishin kryer kundër popullit tonë. Karakteri i këtyre personaliteteve natyrisht u krye me një padrejtësi të rëndë. Por le të mos jemi më atje dhe është e nevojshme që ne të mund të veprojmë në mënyrë taktike. Për të pushtuar është sigurisht në gjakun e gjymtyrëve të mia dhe unë kam të njëjtin gjak sigurisht. Por unë nuk mund të ftoj për të pushtuar faktin se dëshirojnë të gjejnë bazën e tij dhe të gjejnë në qendër të tij një dhe vetëm nje traditë, njesoj si brenda ne trupin e vetëm një nëne! Unë nuk mund ta shohë tokën time të thahet dhe të shkelet nga jo-besimtarët, që më mbanin mua brenda një dhune, pa një të ardhme ku unë do të hidhja ne terren krahun e armatosur të vikingëve, Vëllezërit e mi, Keltik, Gotik deri te Freya për të më marrë në krahët e saj, deri sa të gjej drejtimin e natyrës. Atë të Asgaard. Vëmendja ime politike është krijuar nga dëshira ime për të jetuar dhe për të arritur në samitin më të lartë të zemrës sime, për t'u ndjerë i mbushur në egon që toka pret që vizioni im të jetë: një njeri që respekton vlerat e njeriut, gjaku i të cilit rrjedh brenda meje dhe lotët që drejtojnë sytë e mi shohin vetëm bukurinë e një bote të kënaqur, e bën të vërtetën dhe transparencën. Të ndërtoni dhe të keni besim për të arritur të krijoni botën ku do të donit të jetonit, ku ndihma dhe ndarja janë fryma e trupit tonë dhe se kemi besuar vetëm një front të pemës së përjetshme të qiparisit. Kjo nuhatje dhe ky gjak ndërhyri përgjithmonë në bukurinë e kësaj toke të vetme që e pa botën të lindte dhe të rritej. Vullneti i luftimit të popullit Viking përqendrohet nga tërheqja e një lëvizjeje për të zhdukur kundërshtarin e saj i cili u shpall si tel. Asnjeherë asnjë Kelt nuk do të predikojë betejën, por kurrë nuk do të ndalojë se luftuari deri sa njëri prej të dyve të largohet nga territori. Sepse kemi lindur nën shenjën e kafshëve dhe sjellja jonë është e tillë. Fuqia masive e goditjes është mjaft reale sot. Është momenti për të zgjedhur shefin tonë për të luftuar dhe për të jetuar bindjen se armiqtë tanë janë të shumtë dhe të ndryshëm, por nuk do të jenë në gjendje të ulen dhe të zhdukin kauzën tonë. Paganizmi i lëvizjes është një mënyrë për të vazhduar simbolin e etërve tanë nëpërmjet traditave të cilat ata besonin se do të humbnin, por që ne i ruanim në fund të zemrës sonë.

Four

Evropa

```
⟨❀⟩
```

30 dhjetor 2012

€ vropa e vjetër dhe Europa e re ... U ktheva në 24 dhjetor
2009 në Evropë. Isha jashtëzakonisht kurioz për të parë
këtë kontinent kaq të fuqishëm dhe të madh, aq shumë
të etur për të konservuar dhe ruajtur pasuritë e tij artistike dhe
artizanale, e megjithatë kisha frikë. Kush ishin gjithë këta njerëz
të etur për ta shkatërruar këtë kontinent dhe pse? Mu duk si një
kohë para luftës, me paga qesharake. Doja të ratifikoja të gjitha
qytetet e Evropës me njëra-tjetrën për të krijuar këto unione, të
cilat do të bënin të mundur grumbullimin e të gjithë udhëheqësve
të politikave aktuale që kishin shkatërruar kontinentin tonë në
të gjitha njohuritë e plota të fakteve, me një synim te vetem,
grumbullimin e rezultateve të përfitimit në reciprocitetin e tyre
në parajsat fiskale jashtë Evropës natyrisht. E pashë rrënimin në
të gjitha kuptimet e fjalës, që kërcënonin këtë perandori ,e cila
ende më dukej si djepi i njerëzimit. Kam ecur si i verbër për të
gjetur në këtë opinion publik, mbështetjen e nevojshme për të
bërë ndryshimin rrënjësor , I cili duhej të jepte një dhe vetëm

një drejtim dhe udhëheqës për të predikuar idetë të cilat, duke u bazuar në të kaluarën, do të bëheshin suksesi i ekzistencës sonë ne të tashmen dhe në këtë të ardhme të afërt. Pata një vizion se si ta ngrinim kontinentin tonë për 4 vjet, dhe si ta bëjmë fuqinë e parë botërore. Gjithë jetën time, kam udhëtuar anë e mbanë botës dhe kam krijuar një treg në secilin vend në të cilin kam kaluar. Ndjenjat subjektive të popullit humbën nga idiotësitë e gazetarëve, nga politikat dhe nga sondazhet e bëra mbi mafian. Po, unë i quaj Mafia edhe nëse zyrtarisht ato quhen grupet e investimeve multi kombëtare. Është e nevojshme të thyej akullin dhe të përgjigjem në një mënyrë të vendosur. Pashë se për fat të keq se edhe sindikatat e shkëmbimeve kishin të njëjtin problem. Unë nuk kam nevojë të ulem në një tavolinë me politikanë që dinë të diktojnë vetëm një mënyrë për ta për t'i kthyer kompanitë. Është e domosdoshme që bota e punës dhe punonjësit të kuptojnë se e vetmja mënyrë për të rimëkëmbur Europën, është që t'i zhdukin këta grabitës që jetojnë vetëm për të grumbulluar miliarda për xhepat e tyre dhe të cilët nuk bëjnë absolutisht asgjë për vikingët, gotët apo keltët;traditat e të cilëve i urrejnë sepse kurrë nuk kanë qenë pjesë e tyre. Unë dua të shoh pronarët krenarë qe janë pranë fuqisë për të vendosur dhe për të realizuar ëndrrën e Evropës së lirë dhe të palëkundur, udheheqës të tregut në mbarë botën dhe lider të ideve dhe koncepteve për një vlerë të sigurt dhe të pastër. Këta janë bosat e mëdhenj që fshihen pas kompanive të tyre duhet të trajtohen ashtu siç e meritojnë: si tradhtarë e vendit të tyre, të kontinentit të tyre. Sepse shkelja më e madhe e ligjit dhe në të vërtetë shmangia e taksave gjykohet në vende të caktuara si Shtetet e Bashkuara me një minimum prej 20 vjetësh burg. Shmangia e taksave tregon se ky person donte të fluturonte që në fillim dhe se kjo humbje e parave në ekonominë e kombit është shkatërrimi i kompanisë sonë. Pervec të huajve që vijnë për të siguruar me teper te ardhura për veten, për të tu arratisur nga paratë që po zhysin kontinentin tonë në problemet e diskutuara prej një kohe të gjatë nga fuqia e parë botërore. Ne nuk jemi idiota që të besojnë në adhurimin e viçit të artë dhe ne duhet t'i dëbojmë të gjithë këta të varfër që vetëm e dobësojnë Evropën e madhe.

1 janar 2013

Ka ardhur momenti për të gjitha aleancat midis shteteve të Evropës , që të ndërtojnë këtë Evropë të madhe të shekullit të 21-të, dhe të vitit 10195. Shekulli i spiritualitetit ose shekulli që nuk do të ekzistojë ... Të gjitha rajonet duhet t'u nënshtrohen doktrinave të cilat tashmë janë të përbashkëta rreth një partie të vetme politike, e cila duhet të krijojë një rojtar ekonomikë dhe materiale për të luftuar në idetë e një kombi të madh më të lartë se çdo kontinent tjetër. Kontinenti i Evropës duhet të krijojë një politikë të përbashkët dhe të vazhdojë të zhvillojë një ekonomi të bazuar në akte, dhe jo në ligjet e kontrolluara nga anëtarë të varfër të parlamentit , të cilët e nënvlerësojnë atë duke e quajtur " Evropa, gruaja e moshuar". Apo mos ndoshta vetëshohin vetëm vende pa kulturë, gjuhë apo vizion? Mungesa e diplomacise tek politikanët tanë I bën ata të duken më tepër si mashtrues sesa si burra të ndërgjegjshëm, të gatshëm për të ndërtuar dhe për të jetuar në një demokraci të pastër. Forca e popullit tonë luftetar, e cila për vite me radhë ka qenë e heshtur nën ndikimin e këtyre tradhtarëve, që kanë dashur ta shesin atë që nuk mund të shitet, trashëgiminë dhe traditat tona. Askush nuk mund të shesë atë që është dhe do të jetë gjithmonë, ligji i gjakut. Evropa ka një qëllim: që t'i japë kombit tonë, fiseve të saj, një jetë për të cilën mund të shpresojnë. Evropa duhet të jetojë sepse është djepi i njerëzimit. Do t'ju tregoj atë që shoh unë. Ata nuk kanë aspak turp nga gjithë këto mashtrime e gënjeshtra të thurura për ta bërë Evropën tonë një vend të përçmuar ose në rënie. Deri ketu arriti pafytyresia juaj zoterinj! Ju kërkoj që tani t'i përgjigjeni gjykatave të hartuara nga populli - nga këto klane - të cilat do të vijnë për t'ju kërkuar llogari dhe dënimet e të cilave do të jenë shumë më të rënda se sa imagjinoni. Imagjinoni se si është tani, pothuajse e pamundur të ushqehet një ushtri evropiane! Pastaj ju tregoni me fjali të bukura që nuk kërkojnë shumë, se nuk është e rëndësishme. Por, çfarë është e rëndësishme atëherë? Unë i pyes për ju. A duhet që njerëzit të paguajnë për dhuratat dhe jetën që u ofrohet pjesëtarëve të parlamentit: midis makinave zyrtare, apartamenteve ku ata qëndrojnë dhe darkave "mbretërore" që janë vetëm djersa juaj? Ne duhet të diskutojmë mes nesh dhe të biem dakord për një zgjidhje. Ne nuk duhet të pranojmë më në territoret tona që qiramarrësit të na urdhërojnë dhe të na japin kufizime sic bëjnë në të gjitha kontinentet. Diagrami duhet të jetë i thjeshtë dhe ne duhet të rregullojmë ligjet tona mbi ligjet e të tjerëve. Pra, nëse është e vështirë, madje e pamundur të mblidhet një shoqëri edhe pse ekziston një imperializëm, ne duhet të bëjmë të njëjtat gjëra pa mëshirë dhe pa dhembshuri për të shpëtuar kontinentin tonë, më të pasurin dhe më të fuqishmin e botës. Koha e kufizimit ka mbaruar, dhe plani Marshall është varrosur,ashtu si traktati i Versajës. Ne votojmë për Evropën e lirë dhe plot me jetë deri në fund të fatit tonë. Vlerat e individit për në njerëzit Viking, Keltë, Gotik përfaqësojnë mencurinë e përjetshme. Raca jonë është më e madhe dhe unë jam i lumtur ta mbaj atë të lartë dhe të fortë. Unë nuk kam asnjë gjen për te cilin nuk jam krenar. Duke u kthyer pas, shoh vetëm kombe që kanë qenë në errësirë të plotë, deri në atë pikë sa të mos dinin as se cilat ishin traditat e tyre të pastra, nuk dinin se nga cili fis apo klan vinin. Është e nevojshme të ri-kultivojmë popullin europian dhe t'u tregojmë atyre se cilat janë traditat tona , për të cilat udhëheqësit tanë pas luftes së dytë botërore ishin aq xhelozë , sa na e ndaluan praktikimin e tyre. Edhe ata që ishin jo-besimtarë cinikë. Historia e Evropës u rishkrua në mënyrë që ju të mos dini asgjë aq shumë sesa ata deshironin që ju të dinit. Ata që me politikat e tyre shpikën kampet e përqëndrimit. Le të jemi realistë. Këta libra të historisë së shkollave dhe kolegjeve bëjnë të mundur përdorimin dhe promovimin e të vërtetave dhe madje edhe të gënjeshtrave për të indoktrinuar botën me kufizimin e viçit të artë, të parave ,të dollarit të tregjeve financiare të huaja.

9 Janar 2013

Një ditë do ta shoh Europën krenare për popullin dhe ekzistencën e saj. Ju them sot. Nëse ata duan shkatërrimin e fiseve tona, është sepse ata e dinë se ne jemi njerëz të fortë. Ne jemi kjo racë që e bëri Evropën një fuqi të pathyeshme. Këta njerëz që sot ngrenë revoltë dhe marrin peshën e jetës për të luftuar dhe për të ngritur këtë flamur të pemës së jetës. Ku është kufiri kur flet për tokën e paraardhësve të mi? Njerëzit e kombeve tona më parë, sot janë shumë të përkushtuar ndaj fatit të tyre dhe duhet të gjejnë arsyen dhe qëllimin e tyre për të jetuar në këtë mënyrë . Arritëm në ultimatumin e çmendur që për shumë kohë shkencëtarët e mëdhenj predikuan, pra faktin se bota nuk mund të lihej e lirë dhe se njerëzimi nuk mund të kontrollohej. Dhe ajo nuk shërbeu për asgjë. Ju mund ti shihni lypesit gjatë gjithë ditës, fryti i një mafie masive . Ata madje përpiqen të përdorin sjelljet tona për të na shkatërruar. Ata nuk I njohin mesimet e Friedrich Nietzsche, i cili parashtron vlerat dhe të tashmen, përmes tre shembujve, sesi duhet të reagojmë; Duke cituar dy të parët, të cilat janë kundër krenarisë edhe të varfërisë njerëzore për shkak të predikimit të feve që na bejnë të mohojmë cdo gjë tjetër duke e konsideruar fjalen e tyre të denjë për të bërë sundimin e rendit dhe të së vërtetës. Per shembull:

Një lypës është në derën e një kishe.

- Opsioni i parë: ju doni të hiqni fajin dhe pastaj jepni tre qindarka.
- Opsioni i dyte: ju luteni dhe shtireni sikur ai nuk ka asnjë mekat për të shlyer ;
- Opsioni i tretë (më i miri): ju përkuleni atij dhe i thoni që tashmë mëkatet e tij janë shlyer.

Edhe një herë, Friedrich Vhelm Nietzsche na tregon sesa e vështirë është për t'u përgjigjur me të vërteten e pastër dhe absolute. Për të mbrojtur territorin e saj kundër këtij lypësi i cili është në të vërtetë një mashtrues, një grabitës, i cili erdhi për t'ju kositur e për t'ju trajtuar si mashtrues dhe grabitës ju vete. Mbaj mend, pak vite më parë, takova disa njerëz të thjeshtë, njerëz të cilët i takova rastësisht dhe të cilët kisha dashur t'i ndihmoja për të marrë hak për të tjerët që bënin tregëti të padrejtë me ta në Nju Jork. Këta të fundit, në fund të punës, më vodhën dhe pastaj më trajtuan si grabitës. Pyeta veten se çfarë do të bëja. A duhej t'i çoj këta njerëz në gijotinë siç do të thoshte Robespierre? Sigurisht! Sidoqoftë, është e qartë se ata nuk ishin amerikanë. Ata kishin ardhur pa paguar, gjë që nuk e dija më parë, sepse nuk e imagjinoja dot sesi dikush mund të emigrojë në një territor pa letër (ose me falsifikim) , dhe kjo për faktin se unë nuk do e kisha bërë kurrë një gjë të tillë. Unë do t'ju tregoj me detaje arsyen "pse" dua të luftojë për cdo cep të Evropës. Sepse Odin është më i fortë se të gjithë, dhe se ne, jemi burrat e pyllit. Të gjitha këto raca,Vikingët, Keltët, Gotët, jetojnë dhe rigjenerojnë

Evropën tonë. Le t'i lëmë njerëzit e tjerë pa kultura të vrasin njëri-tjetrin. Ne nuk duam as që të kthehemi në konflikt e as të meremi me ta sepse ata nuk janë pjesë e fiseve tona, të Evropës dhe nuk përkojnë me angazhimin e zanafillën e vërtetë të botës.

10 janar 2013

Natyra vendosi dhe e bëri zgjedhjen e saj. Ajo na u kthye në disa raste. Bilanci do të bëhet shumë më i madh aq sa nuk mund ta imagjinoni. Dhe Marline qesh me ju sot, sepse kushdo që nuk e njeh shpatën Eskalibur nuk mund të kuptojë besimin në fuqinë e dragoit dhe forcën e tij të pavdekshme. Gara midis kombeve tona do të bëje shumë për t'u ulur dhe për të siguruar tokën e paraardhësve tanë. Natyra nuk i njeh kufijtë politikë të këtyre vendeve, të cilat thuhet se janë të civilizuara dhe që i japin vetes titullin demokrate. Loja e forcave vërtitet rreth sferës, ndërsa ne humbasin qëllimet tona të vërteta. Ne nuk jemi atje për të dhënë dorëheqjen, por për të shpëtuar jetën tonë prej një humnere ëshpërimi. Ju them sot. Ju, njerëz të kombit Viking, Keltë dhe Gotë, keni detyra fisnike për të jetuar dhe për ta bërë jetën kauzen tonë. Territori ynë duhet të mbrohet. Asgaardi na ka dhuruar këtë tokë, për bukurinë e së cilës të gjithë na kanë zili. Për këtë tokë që është fryti i jetës nga i cili ne ushqehemi cdo ditë. Është e drejta jonë për ta mbrojtur këtë parajsë , dhe për të jetojmë të gjithë së bashku në harmoni. Ka shumë kohë, që grupe të ndryshme përpiqen ta shkatërrojnë dhe ta përcajnë popullin tonë. Këto gënjeshtra janë vetëm vërejtje shpifëse që kanë një fytyrë: atë të mashtrimit dhe të drejtën për të na vjedhur frytet e paraardhësve tanë që luftuan për të mbrojtur dhe për të shpëtuar këtë terren që nuk na takon neve , që babai ynë Odin na dhuroi për tu kujdesur dhe për ta mbrojtur me jetën tonë. Është absolutisht e domosdoshme për të kursyer dhe për të ndihmuar çdo ditë këtë klasë fshatare ,dhe për ta inkurajuar atë për të zhvilluar këtë punë që e bën tregun tonë të produkteve më të mirë dhe tregon edhe një herë, se Evropa mund të jetojë pa pjesën tjetër të botës. Ne nuk na nevojitet asgjë më tepër se këto toka, këto fusha , qetësine e së cilave ata nuk ditën as ta vlerësonin . Bujqësia është baza e Evropës. Kur prodhojmë ushqimin tonë, nuk duam t'i ngjajmë këtyre barbarëve të kontinenteve të tjerë që jetojnë mes produkteve të rikrijuara nga makinat dhe hormonet, pasojat e së cilave ende nuk i njohin. Por Evropa, duhet të këtë edhe besueshmërinë e institucioneve të saj. Eshte e nevojshme të përqendrohemi dhe të sjellim një shef për të udhëhequr këtë komb të madh dhe për të rizbuluar popullin tonë odinist, për të rimëkëmbur këto institucione që u dëmtuan nga këto politika të varfëra dhe të këqija, që prodhuan një pushtet ekzekutiv të sëmurë, ku nuk mund të ketë asgjë më shumë me përjashtim të pritjes dhe të bindjes ndaj urdhrave të mashtruesve që vijnë për të dyfishuar perfitimet e tyre idiote. Unë dua të krijoj një forcë të vazhdueshme me ligje dhe rregulla. Ne kemi nevojë për rendin total pa ndonjë reflektim të ndonjë lloji tjetër. Është e domosdoshme që ne të vendosim në hapin e këtyre armiqve të popullit tonë, që mendojnë të luajnë njeriun e keq. Por jo me mua. Unë do t'u jap atyre aq shumë gjera të keqija brenda vetes, saqë ata do të fillojnë të luten dhe duke më parë cdo natë në ëndërr për tua zhdukur atë ligësi që kanë brenda vetes nga e cila unë kam gjetur një shtytje të zjarrtë. Unë do të jem lumturia e mishëruar për të gjithë Europën dhe e keqja për të gjithë ata që kanë shkelur rrugën time. Unë do të mbështes të gjitha autoritetet e policisë dhe unë do t'u jap atyre urdhrin për t'i dhënë sërish fytyrën njerëzore të qetësisë. Unë dua Evropën ku fluturimet nuk ekzistojnë dhe as nuk ka nevojë të mbyllet hapësira e rrugës, sepse nuk është e nevojshme që të ndodhë kjo gjë që do të guxonte të kalonte përveç angazhimeve që do të bëja para popullit të kombeve të Evropës.

17 janar 2013

E ardhmja e madhësisë sonë është atje, përpara nesh. Në tre muaj do ta ringre vendin tonë. Në 6 muaj, do të ketë lënë krizën. Për dy vjet, ai do të bëhet kontinenti më i fuqishem në botë dhe do të diktojë në botë kërkesat e tij pa e dëgjuar atë. Nuk mund t'i shpëtojmë fatit tonë. Është e qartë se ne përpiqemi të jetojmë në harmoni për lumturinë e popullit tonë dhe që ne ëndërrojmë për botëkuptimin e tij. Por, megjithatë, nuk kemi të bëjmë me një realitet mjaft të komplikuar për ne, njerëzor, të gjallë në një kompani të dobësuar nga medeksi pseudonim i gatshëm për t'ju besuar se jeni të burgosur me stereotipe fetare ... Disa grupe folën për Europën, të cilat do të përhapeshin përmes rrugës së tretë për të ardhmen e Evropës së thjeshtë. Perëndimi dhe lindja do të mblidhnin kushte dhe koncesione dhe se çfarë mund të ishte më normale sesa fryma e një familjeje që luftoi për të tashmen e një tradite. Unë do të rishikoj në mënyrë progresive pikat që do t'i bëjnë personat e thjeshtë, duke referuar historinë e kësaj linjeje që gjurmonte një vijë të vazhdueshme që nga shekulli i 8-të deri me sot ... Ne gjithashtu duhet të gjejmë një industri dhe një tregti botërore, sepse ne jemi qendra e të gjithë kreativitetit botëror. Nuk kemi nevojë për të tjerët. Nuk është çështje për të na shitur dhe ne duhet tu imponojmë stilin tonë atyre dhe të mos ua shesim njohurinë tonë por tua japim me qera. Ky lloj zhvillimi i biznesit nuk do të ishte as i lehtë dhe as i shpejtë, nëse nuk do të ndryshonim idenë e Evropës së re. Ne duhet të hedhim dhe të refuzojmë cdo pjesë të shteteve të konsumuara, siç bëjmë në shtëpitë tona me gjerat e konsumuara dhe me pas duhet të zbrazim koshat. Ndryshe nga një rritje industriale, Evropa duhet të ristrukturohet për të marrë përsëri avantazhin e këtyre tregjeve të humbura nga politikanët e varfër. Ata që shkatërruan Evropën tonë dhe vazhdojne të përdorin metodat më të turbullta për të nxjerrë fitime mbi taksat, mbi të ardhurat tuaja dhe për të ndihmuar veten në rastet kur vendi hyn drejt proçesit të zhvillimit, nën mbulesën e kompanive të ekraneve, në parajsat e autorizuara të taksave që përfaqësohet nga vendet e Beneluksit, të cilat duhet të përfundojnë me një transparencë që ne do ti detyrojmë këto vende, që refuzojnë autoritetin e kombit tonë të madh. Unë dua të ndërtoj me ju një flotë të madhe që do të drejtojë popullin tonë, që të jetë në gjendje të luftojë edhe kundër betejave të humbura të krijuara nga njerëz pa asnjë respekt ndaj tyre dhe të gatshëm për t'u radhitur me më pak problem. Kur Evropa të mund të marrë rrugën e një ekonomie strategjike për ta kontrolluar atë, për të siguruar dhe reflektuar financiarisht dhe për të projektuar gjeneratën e saj të re në një botë të rendit dhe kulturës, ku pohimi për të qenë hiri i pushtimit më në fund u shpërndahet me të drejtë dhe me vizion: progresioni joutopian I një bote mjaft reale. Vendet e ndryshme të Evropës duhet të japin përsëri në Evropë këtë trashëgimi rajonale që na kthehet më ekstremisht dhe më gjallë në një territor evropian ku politika e vetme shumëzohet në veprime të ndryshme të kësaj energjie, e cila përhapet vetëm në supozimet tona të mëdha, vetëm nëse nuk kemi nevojë ti përsërisim mysafirëve tanë se ata janë vetëm mysafirë dhe që vazhdimisht një pasaportë mund të hiqet si pasojë e një sjelljeje të keqe dhe mungesës së donacioneve në komunitetin tonë dhe kontinentin tonë të madh. Nuk do të ketë justifikime dhe unë do të jem i detyruar t'i kujtoj personave kodet nëse nuk sillen sic duhet edhe në ndonjë objekt të kushtëzimit ligjor dhe spekulativ. Një pushtim ekonomik dhe paqësor mund të mos jetë një drejtim i plotë i një bote në humbje. Doktrinat dhe shpjegimi i historisë harxhojnë kohën e trajnimit e njerëzve dhe roli ynë është për ti ripërcaktuar kufijtë e tyre, për të kuptuar dhe zhvilluar brenda Evropës se fortë një komb të tillë, të madh që ajo përfaqëson …

19 Janar 2013

Nëse Amerika, të paktën Shtetet e Bashkuara të Amerikës janë modeli i demokracisë, atëherë duhet t'i imitojmë me metoda të ndryshme, që është në drejtësi apo në ekonomi, duke ndjekur mënyrën e veprimit të tyre. Në këtë rast, askush nga Kombet e Bashkuara nuk do të jetë në gjendje të kthehet në atë që ne do të bëjmë duke pasur parasysh se do të jetë në respektin e denjë të të drejtave të Uashingtonit DC. Pastaj Evropa do të rishfaqet nga hiri i saj: asnjë popull më i mirë se fiset evropiane më mirë dhe më brutalisht nuk i përgatiti pushtimet e saj ekonomike nga shpata dhe nuk i mbrojti ato më me vendosmëri. Politika është atje për t'u ulur në pushtimet tona ekonomike dhe për të shfrytëzuar çdo copë toke në interesin tonë. Edhe një herë, njeriu nuk jeton për veten e tij, por për kombin. Ideja e lirisë ishte të përdorej në terma të këqinj dhe të shndërohej në "për të bërë atë që dëshiron". Dhe jo mirë! Dikush nuk bën cdo gjë që do, kur do. Nëse dëshironi të jetoni nën këtë metodë atëherë shkoni në një ishull të shkretë dhe me erë të mirë! Por sot, "dua të njihem për gjërat që bëj për popullin tim, vendin tim, tokën time?" Kjo jetë, ky trup nuk ju përket dhe nuk jeni pjesë e një tërësie dhe kjo madje na bën qënie të ndryshme sepse syzet tona janë të drejtuara nga traditat tona. Së fundmi, një person më tha se nuk e pëlqente kur përdorja fjalën "racë" për të folur për Europën. Epo mirë, megjithatë është ajo që jemi. Dhe të mashtruesve si të emëruar, anëtarët e Jaltës - Churchill, Stalin, Rusvelt dhe Funkier de Gaulle - dëshironin t'ju bënin të besonit se ju i përkisni një ekonomie mbarëbotërore të quajtur globalizim ultra liberal apo komunist dhe që ju duhet të harroni atë që keni mësuar dhe sidomos fjalën e racës ariane ... Po Arian. Ndërsa disa legjenda u përhapën në botë, simboli duhej të mbetej i mbyllur nga një luftë për të cilën ju keni mësuar vetëm disa pjesë të shkurtra dhe që u bënë për të shkatërruar popullin tonë. Një ditë, gjatë kohës së darkës, shkova në një mënyrë të këndshme te një mikeshë indiane, kështu që ajo thotë se i ka të gjitha ato që ishin rreth tryezës, pra që ajo ishte ariane dhe krenare që ishte më e bardhë se të tjerët. Njerëzit me lekurën e bardhë ishin të hutuar dhe të zemëruar me të, le të blasfemojmë duke shkuar kundër parimeve të përfshira në arianët e Luftës së Dytë Botërore. Edhe një herë, zgjohuni dhe kujtohuni se kush ju ka gënjyer. Ju u kufizuat në gënjeshtrat e një shoqërie të bazuar në mashtrimin e një bote, ku jeni pajtuar të jeni skllevër të njerëzve të liruar dhe të zhveshur nga çdo ngjyrim politik. Europianët duhet të respektojnë këtë emër dhe të tregojnë se edhe me tingujt e shpatës dhe më të thella të lirisë sonë, shpesh interpretohen nga kiltet se sa i mbajnë në haraç, për mijëra ushtarët që vdiqën për drejtësinë tonë. Ne do mbrojmë dhe do luftojmë për vlerat tona. Ne do të thërrasim përsëri flakën e dragoit të vijë të luajë më ekstremisht me ne.

Ne nuk jemi mercenarë edhe nëse, për disa, u ngjajmë barbarëve me fytyrat tona të lyera me ngjyrë blu për të sfiduar armikun. Por ne do të tërheqim me gjakun më të thellë, sakrificën për t'i dhënë popullit tonë fitoren e padiskutueshme. Por këtë herë, ne do ti shtypim ata që dëshironin të na sfidonin, të tillë si Norman-Sicilianet. Ne jemi brutal, në vullnetin e luftimit. Këto grupe harruan se në cilën pikë. Por ata shumë shpejt do

e tyre për të qenë dhe jo për të qenë skllave idiote të meshkujve, të cilët shohin te gratë ende brishtësinë e tyre, ndërsa historia jonë ka jetuar nën sundimin e disa prej tyre, të cilat tregonin një fytyrë shumë më agresive, të cilën e kishin zëvendësuar me të tjerët. Erdhi momenti që ne të zgjedhim dhe të kthehemi në aleanca mes nesh dhe fiseve të veriut, të jetojmë fatin tonë dhe të mos shpresojmë më, sepse ëndrra nuk ekziston dhe ne duhet ta marrim dhe ta kapërcejmë, për të shpëtuar Evropën tonë dhe për të kontrolluar të ardhmen tonë . Le të mos jemi të verbër dhe skllevër. Le të mos jemi filozofë realistë, nga të cilët asgjë nuk vjen, përveç mjerimit dhe konfiskimit. Mjafton këto dominime politike të cilat nuk përdoren për asgjë. Le të bërtasim rezultatin tonë të kombit tonë të madh. Le të ndërtojmë tokën tonë dhe të mos i dëgjojmë këta mashtrues të financave të gatshme, me shumë për të fituar deri në simbolin e fundit të varfërisë dhe as të gjitha ato që kanë të bëjnë me njëri-tjetrin dhe që të jenë fiset që fituan betejat dhe të bëra nga kjo botë një terren për të gjithë.

20 janar 2013

Një bazë për të gjithë, nuk do të thotë për të gjitha fiset botërore. Kjo nuk është pa pasoja, padyshim. Tradita jonë bazohet në faktin se nëse nuk e angazhoni vetë jetën tuaj, kurrë nuk do ta fitoni, jeta juaj sigurisht që mendoj të jem i qartë. Sakrifica e ekzistencës individuale është jetësore për të siguruar ruajtjen e racave Vikinge, Kelte, Gotike dhe se Evropa jonë pas 35,000 vjetësh vazhdon të lavdërohet nga pikëpamja jonë. Nëse në një nga ditët që do të vijnë unë mund të dëshiroj që ëndrra ime të jetë e thjeshtë si 13 fisnikët e mëdhenj mbretërorë, për ta vazhduar ëndrrën për një jetë të tërë për t'u mbrojtur dhe për të jetuar në këtë harmoni e cila është e jona, ku lumturia dhe gëzimi na kënaqin me shpresën për një botë më të mirë. Do të doja të shihja ose të dija nese njerëzit e mi filluan përsëri me bazat e territorit tonë dhe të formonin virtytet heroike dhe t'i përbuznim parazitët që përçojnë një hipokrizi të barabartë e të pavërtetë, madje edhe ata janë çmendur. Le të gjejmë themelet tona, të kombit tonë të madh dhe të konsolidojmë me duart tona çimento, gjë që na bën këta njerëz krenar të cilët kurrë nuk luftuan pa gajdet e tyre, që krijuan reputacionin tonë në mes të të tjerëve. Njerëzit tanë nuk do të vandalizohen apo të dënohen nga tradhtarët që kanë si doktrinë mashtrimin e parëndësishëm të parazitëve. Mungesa e inteligjencës dhe mungesa e guximit fshihen pas idesë së disa ndjenjave të caktuara njerëzore që thuhen për të përshkruar këtë dobësi të njeriut, i cili thjesht duhet të krijojë dëshirën për të shitur nevojën e tij. Versioni i denoncimit i cili ishte edhe Lufta e Dytë Botërore e shtypur dhe që është rezultat i burrave dhe jo i grave që, për një copë buke, vranë të pafajshmit. Forca e një shteti të brendshëm nuk mund të pretendojë se ka lulëzim ekonomik, sepse asnjëherë ndërtuesit e shteteve nuk janë të varur nga ekonomia, por vetëm një pjesë e politikanëve të cilët, nga frika, mendojnë tu japin mundësinë për të votuar për ta dhe për të vazhduar gabimet e tyre ndërkohë që ju vazhdoni të vuani . Shembuj të panumërueshëm na tregojnë se rënia e një shteti është e afërt. Ndërkohë që të gjitha komunitetet njerëzore që janë shpjeguar fillimisht nga veprimi i forcave apo i celularëve ekonomik, do të ishte zhvillimi maksimal ekonomik që do të nënkuptonte lartësinë e pushtetit të shtetit dhe jo të kundërtën. Megjithatë, nuk është kështu. Besimi në forcën ekonomike për themelimin ose konservimin e një kombi të madh duket veçanërisht i pakuptueshëm, kur dikush e takon atë në një vend ku historia, me çdo hap, tregon të kundërtën në mënyrë të qartë dhe të përsëritur. Në histori, ne treguam se vetëm cilësitë e moralit e ndërtonin një vend. Ata janë gjithashtu mjeti i ruajtjes së një vendi edhe në rast të problemeve ekstreme për shkak të një ndërhyrjeje të politikës ekonomike të rasteve të saj nga njerëz mjaft keqdashës. Krijimet që mbështesin kombin duhet të lulëzojnë për të ruajtur voracitetin e njeriut të jetesës edhe përmes konflikteve më të tmerrshme. Ne çdo rast kur disa grupe u përpoqën ta bënin ekonominë pikën qendrore të kontinentit tonë ose të të tjerëve, virtytet idealiste shpërthyen dhe shteti u shkatërrua me një humbje të tmerrshme dhe pa të ardhme. Dikush ka nevojë për shpirtin dhe vullnetin e sakrificës së çdo individi për këtë komunitet dhe të krijojë dëshirën për të jetuar për këtë dhe vetëm këtë me cdo kusht. Virtytet e sakrificës për Europën nuk kanë asgjë të përbashkët me ekonominë, që del në pah për faktin e thjeshtë se njeriu nuk e ka sakrifikuar ndonjëherë veten për këtë gjë. D.m.th. një njeri nuk vdes për biznesin, por për një ideal dhe ky ideal është bashkimi I Europës së madhe … Dhe fiseve të saj.

26 janar 2013

Burra dhe gra të Evropës.Loja e Evropës nuk do të bëhet ndërmjet shtetasve. Nëse do të jetë plot me shpirtra, do të ndryshohet mentalitetit !! Aq shumë saqë ata kurrë nuk do t'i kuptojnë njerëzit, sepse ata kanë mbi ta vetëm interesa personale ekonomike dhe nuk jetojnë për kombin tonë të madh. Ata bëjnë shumë për të shmangur vdekjen, aq sa munden, me çdo çmim natyrisht. Ata janë gati të shkatërrojnë dhe të marrin jetë, sepse qëllimi i tyre i vetëm është të shijojnë me frytin e fitores së përjetshme, të shkruar me bojë në librat e historisë. Gruaja, heroina e Evropës sonë të madhe, nëna, bashkëshortja e vatrës dhe atdheut tonë, që gjatë moshave lufton dhe lufton për ruajtjen e racës së saj dhe këtë gjendje e mbron me koston e gjakut të saj. Ajo është në radhë të parë përballë armiqve të ngarkuar me doktrinat e tyre dhe deklaratën e tyre pa bazë, e cila dëshiron të shkatërrojë madje edhe simbolin e nënës dhe gruas. Njerëz që kanë besimet e tyre, nxitjet që i përkasin kalimit të kujtesës dhe se ne, Vikingët, Keltët, Gotët nuk e dinim kurrë në asnjë rast. Gjithmonë, dikush do të jetë në gjendje të shpallë formula të ndryshme si të vërteta siç janë: Asnjëherë nuk u themelua një shtet duke thënë paqe, absolutisht jo në kontinentin tonë. Por ata më ritherrasin mua për t'u treguar atyre edhe njëherë me zë të lartë për fuqinë e racës sonë dhe që ata nuk janë të mirëpritur. Dhe, ashtu si sot, ne kemi vendosur të kërkojmë nga ata të fillojnë nga pëlqimi i plotë ose ne do të jemi të detyruar t'i ndihmojmë atje. Sepse ne do të gjejmë në formën e rregullave ligjet tona që autorizojnë dhe ndalojnë jo vetëm adhurimin e tyre, por edhe hipokrizinë e tyre dhe gënjeshtrat e tyre, ashtu si gjithçka që nuk korrespondon, ka pritjet tona sipas ligjeve tona ariane.

Heroizmi është instinkt për vetë-ruajtjen e garës Vikinge që përgjigjet në punën e kulturës. Le të mos harrojmë se e gjithë ekonomia paralele paraqet fillimin dhe rastin e parë të kontrollit dhe shtypjes dhe është sistemi që të huajt duan të na detyrojnë të miratojmë...

Besimi që kishim përpara luftës, ky besim e bënë këtë komb të madh dhe jo në këtë maskaradë të feve që përpiqen të bëjnë populizmin e të rimarrin zërat si politikan vulgar, ndërkohë që të gjithë e dinë se gjithçka është e rreme dhe nuk ekziston. Duhet të kemi besim në mundësinë e pushtimit të tregjeve në mbarë botën dhe të monopolizimit të botës nga ana politike dhe tregtare. Ajo që duhet të kemi sot është thjesht vetëm forca e vullnetit dhe vendimi i veprimit.

Instinkti ynë politik është i thjeshtë. i vetmi shpjegim i

mundshëm është se kjo forcë, të cilën unë tashmë kisha mësuar se si ta perdorja nga një tjetër pikëpamje dhe të cilave mund të ktheheshin në të njëjtën kohë dhe ne një dizajn që mund ta shnderrojë jetën tonë ne një organizim të vërtetë. Kuptova se shkatërrimi që kishte dalë në kohën e Historisë së Evropës kishte ndikuar në historinë e popullit tonë dhe më kishte impresionuar në vëzhgimin e politikës dhe përpjekjeve për të kontrolluar këtë murtajë të zymtë botërore që tani u përpoq të korruptoj njerëzit me pretendime kaq të mëdha që ajo do të ishte e domosdoshme për të qenë imituese, për të mos i parë ato dhe për të zbuluar këtë mediokritet që kisha parë shumë shpesh në vendet e zhvilluara të cilat i blenë konceptet me agjentët shpesh të kthyer për paaftësinë e tyre ... Retorika e jetës kulturore dhe ekonomike eshtë të kryhet nga një politikë në rend. Ky urdhër duhej të shkruhej pikërisht për një disiplinë shembullore, e cila kurrë nuk i frikësonte njerëzit tanë, por ne të vërtetë ata të huaj që jetojnë në mbeturinat e tyre të pastra dhe të cilat janë të kënaqur me pesimizmin e tyre, në pikën e shkatërrimit të tyre, vetëm për shkak të ndërtimit të fondeve, ekonomisë. Këta njerëz të huaj janë vetëm pleurë bërthamorë dhe nuk janë të denjë të ofrojnë ndihmë. Nuk i duam me. Ne një moment më parë kur e mjaftueshme të jetë fjala që përcakton një fund të një cikli që nuk mund të kthehet më prapa as të gjejë zgjidhje. Nëse ata besojnë se fuqia për të na lënë përshtypje me kërcënime larvore ... Stacion me ta. Durimi ynë ka kufij. Një ditë do të jetë fryma që do tuv vijë atyre e do tu gozhdojë grykën me këto gënjeshtra të pista. Anëtarët e partisë TIC mund të sigurohen: fundi i terrorit nga jashtë është më afër se nga sa imagjinoni ju. Zotërinj të huaj: ju mirëpresim që të shijoni si kurrë më parë! Njerëz, ngrihuni! Stuhia, po shpërthen! Ngrihuni dhe jini qënie të vullnetit.

Five

Lufta e Dytë Botërore dhe gënjeshtrat e saj

2 shkurt 2013

Sa të vështirë e kam të filloj këtë kapitull. Kam dyshime. Si mund ta shkruaj këtë kapitull në mënyrë të tillë që ju ta kuptoni ate që nënkuptoj, duke ju dhënë mundësinë që të lexoni midis rreshtave? Për të përfytyruar dhe kuptuar Luftën e Dytë Botërore, është e domosdoshme që të njihni dhe të kuptoni motivet e disa njerëzve të caktuar, të cilët krijuan genjeshtra të cdo lloji ,nga frika e një të ardhmeje që ata e dinin se do të ishte më madhështorja por njëkohësisht më e frikshmja se gjithcka që është parë deri tani . Unë kam lindur në një moment, kur lufta ishte një provokim, si ajo që u zhvillua në Vietnam. Grupet komuniste, ruse-staliniste dinin sesi të kalonin mesazhet tek të rinjtë e lindjes për të krijuar grupe terroriste, dhe për t'u vetëkënaqur me një marksizëm të pastër dhe të fuqishëm, që nuk ishte gjë tjetër vecse një mashtrim. Periudha pas Luftës së Dytë Botërore ishte e tmërrshme, dhe unë nuk flas për humbjet, por për atë që erdhi në jetë pas saj. Pra me fjalë të tjera, një shoqëri e dobët, e robërueshme, e një bote të lirë drejtuar drejt një liberalizmi ekstremist, për të provuar një ekzistencë të krijuar mbi borxhin dhe dëshirën e grupeve të caktuara ,për shkatërrimin e Evropës së bashku me fiset Vikinge, Gote dhe Kelte, njëherë e përgjithmonë. Ata u përpoqën ta kthenin botën në një Pazar të Madh dhe ta kontrollonin atë,duke bërë të mundur dobësimin e kufijve tanë. Këta kufij që janë fryt i gjakut tonë dhe dëshira për të qenë të lirë për të zgjedhur atë që na fal kënaqësi, duke filluar nga fakti i të qenurit njerëz të ditur, njerëz që dinë të lexojnë dhe të shkruajnë. Në këta kufij, ku kishim vendosur ushtarë të cilet ishin të gatshëm për të luftuar për lirinë tonë ,dhe të cilët u sulmuan prej grupeve të mashtruesëve, që tentuan të shkatërronin traditat tona nga frika e një ngritjeje të mundshme të forcave intelektuale. Është shumë më e thjeshtë të kemi komandantë që nuk drejtojnë asgjë dhe që nuk dinë asgjë … as për të zbatuar një urdhër. Si të kemi besim ndërkohë që shkatërroi familjet tona? Si të besojmë në këta njerëz, që çdo ditë, vazhdojnë të përdorin urrejtjen kundër popullit tonë për të na varfëruar? Lufta ishte një histori e pisët në të gjitha drejtimet. Unë jam habitur teksa shikoja dokumentet e fshehura të dilnin në drite. Aty ku e vetmja gjë që mund të shihet ,është se udheheqesit e Evropës ishin përbindësha, ndërsa populli thjesht një grumbull delesh të nënshtruara. Megjithatë, unë do të doja që të gjithë ata të gjykoheshin bazuar në atë që përfaqësojnë nga pikëpamja psikiatrike. Atëherë pse të mos i shkojmë deri në fund kësaj rruge? Pse të ndalemi këtu ku ndodhemi vetëm në fillimin e historisë …? Kjo shoqëri e Ballkanit do të jetë gjithmonë një problem. Dhe pikerisht për këtë arsye, Tito kishte gjetur një zgjidhje në mënyrë që tek askush të mos kishte mbetje qejfi ,dhe për këtë arsye të gjithë e respektonin sundimin e këtij diktatori. Ballkani ka qënë dhe do të vazhdojë të jetë një burim problemesh.

2 shkurt 2013

Sot e shoh këtë luftë si një pikë të papërfunduar të historisë dhe të cilën mund ta mbyll më në fund në ditën kur do të mund ti jap përgjigje të gjitha pyetjeve që më bëjnë të vuaj aq shumë sa nuk ka asnje fjalë që mund t'I përshkruaj, por ka vetëm skenarë të mbledhur të të gjitha pjesëve që shkatërrojnë çdo pjesë në zemrën time. A ekziston një luftë ku gjithçka është e bardhë / blu? Është si një divorc ku burri dhe gruaja qortojnë gabimet e njëri-tjetrit, në vend që të thonë se gabimet janë të përbashkëta dhe se ato janë te ndara 50/50 ... Dhe jo 100/0. Edhe një herë, faji gjithmonë ndahet dhe kjo është e nevojshme për pjesën më të madhe. Çfarë mund të jetë më prestigjoze sesa të besosh në një kauzë dhe të luftosh për këtë? Nuk dua të besoj më verbërisht ne gjithçka që më thonë. Sigurisht, është logjike. Kam ardhur në këtë botë që t'i bëj njerëzit të shohin qartë të ardhmen e tyre. Kështu, fillimi i kësaj lufte gjigante, do të shoqërohet me entuziazmin më të zjarrtë dhe më të fuqishëm që mund ta imagjinojë secili nga ju. Unë jam pro ekzaltimit të popullit dhe nuk do të ndalem derisa të ndez në secilën prej zemrave të tyre zjarrin e pasionit për liri dhe drejtesi. Jo, sigurisht që nuk do të ndalem! Madje, do të jetë e pamundur të ndalemi, sepse kjo luftë është planifikuar që prej zanafillës së botës tonë ,të gjitha besimet ezoterike, janë frytet e traditave tona të cilat përkthehen në vizionet e ndryshme të ekzorcizmit, deri në atë pikë që të na lejojë t'ia kalojmë qenieve djallëzore. Luftë. A nuk eshte kjo ,fjalë e dëgjuar shpesh nga gjeneralët dhe ushtarët ?Zotërinj. është ë nevojshme të bëhemi serioz. Asnjë luftë që nis nuk i dihet sesa do të zgjasë apo se kur do të përfundojë. Dikush shpreson që dimrin ta kalojë duke qëndruar ngrohtë në shtëpi dhe të vazhdojë të punojë në mënyrë paqësore . Por ata që bëjnë historinë , janë ata të cilët derdhin gjakun e tyre mbi kryq, të burgosurit dhe të denuarit e fatit të cilët janë të gatshëm të fitojnë me çdo kusht , edhe nëse kjo implikon humbjen e jetës. Pra të jesh në gjendje që të rindërtosh një skifter me krahë për të lajmeruar hakmarrjen kundrejt cdo tradhetari dhe tërë pafytyrësinë në këtë lojë shahu. Çfarë fati presin këta qen, të cilët do të vriten brutalisht ashtu sic ata vranë popullin tonë për shekuj me radhë ? Si mund të kenë fytyrë që të më kërkojnë që të jem I mëshirshë m me ta? Çfarë domethënie kanë të gjitha këto fjalë dhe këto "qëllime të mira" ,të cilat nuk pasqyrojne gje tjeter vecse ndjenjën e urrejtjes dhe lakmise së këtyre mashtruesve. Çfarë dëshiron populli Viking, Gotë, Kelt - dhe unë them populli në kuptimin e njeriut, natyrisht . Shpresoj dhe besoj se do të udhëheq një qenie e cila mund të zbatojë urdhërat e babait tonë, Odinit. Shumica e kombit nuk jetojnë më si më parë. E megjithatë, kjo është ajo që ndodh me këtë pasiguri në rritje.Toka jonë është një bazë e mërgimit për respektimin dhe mbrojtjen e lirisë e të qenurit Viking.Dhe patjeter që nuk duhet të lejojmë që grupe të vogëla njerëzish të na përdorin për interesat e tyre dhe ne të qëndrojmë duarkryq pa luftuar. Mësojuni pasardhesve tuaj se keni bërë gjithçka për të krijuar një botën e përditshme, por që të gjitha këto kanë përfunduar dhe se lufta e dytë botërore do të bëhet një shembull lufte, i cili do të jetë luftimi i rendit kundër mashtruesve, që kishin besuar se ishin thelbësore për jetën tonë.

9 shkurt 2013

Propozimet e mia janë shumë të qarta dhe të thjeshta. Kombi ynë duhet të ekzistojë ose jo. Duhet të vazhdojmë të jemi krenarë në të vërtetën dhe në luftën tonë. Kënaqësia e njeriut dhe e luftëtarit është pjesë e traditave tona dhe unë nuk kam ndonjë urdhër për të marrë njerëz që ende mbajnë dhitë që prej 50 vitesh më parë dhe të cilët nuk e dinë se çfarë përfaqëson demokracia. Lufta e Evropës dhe e popullit tonë do të jetë edhe më e zjarrtë. Dhe kur të mësojnë të vërtetën, ato do të jenë edhe më të fortë ndërkohë orët e fundit do të jenë fatale për mashtruesit dhe parazitët . Kjo luftë do të jetë fitimtare deri në fund. Atëherë njerëzit tanë do të kthehen për të zënë vendin e tyre në rrethin e kombeve të mëdha me fuqinë e tyre të jashtme. Dhe pastaj perandoria do të rikthehet përsëri në qiellin e fuqishëm të paqes, pa qenë i detyruar t'i rrezikojë bijtë e saj të bien pre e gënjeshtrave të ketyre mashtruesëve të mëdhenj, të cilët gjithmonë kanë patur të njëjtën fytyrë ... Vecanërisht ata si Madoff. Për mua si adoleshent, entuziazmi evropian nuk ishte një ëndërr e kotë. Po, se fundmi doja të gjeja në Evropë vullnetin e popullit, i cili me sinqeritet dhe kënaqësi të betohet për besnikërinë e tij ndaj perandorisë që do të krijojmë, me anë të djersës dhe të gjakut tonë, për të mbrojtur traditat tona dhe hirin e të parëve tanë me cdo cmim. Nuk mund të qëndroj më në këtë Evropë që i shkatërroi të drejtat e mia për shkak të një lufte ,që ishte një motor urrejtjeje dhe shkatërrimi që nga viti 1945 dhe ardhja e ushtrive, të cilat me kalimin e kohës shkaktuan edhe më shumë vdekje të njerëzve të pafajshëm . Është kaq e lehtë për të gjykuar ... Por, pasi lufta nuk është gjykuar kurrë! Përkundrazi ... Ka shumë kriminelë që kurrë nuk u gjykuan. Madje edhe vetë ata ishin të zemëruar. Kemi nevojë për të vërtetën. Duhet ta dimë se çfarë ka ndodhur me të vërtetë dhe të mos dëgjojmë këta historianë të paguar, nga grupe që janë atje për të kalbëzuar traditat tona dhe origjinën tonë. Po miqtë e mi. Bota ka frikë nga fiset tona Vikinge, Kelte dhe Gote sepse ato përfaqësojnë simbolin e njësisë dhe kontinentin e parë politik dhe ekonomik. Që nga shekulli i 10-të, ne kemi rritur dhe ndërtuar një kontinent të pasur dhe të gatshëm për të konsumuar,në mënyrë të tillë që të jetojmë në paqe me të. Njerëzit e tjerë kanë gjetur gjithcka të gatshme. Çfarë është përpjekur të bëhet gjatë shekujve deri më tani. Njerëzit e Europës u revoltuan dhe kjo është e mjaftueshme. Është fundi i një epoke dhe momenti për të zbuluar mburojën e paqes të popullit tonë, dhe për të rindërtuar në baza të reja të njësisë tonë. Kundërshtarët vetëm do të munden të shikojnë dhe të jenë dëshmitarët e një epoke të re të lavdishme që nuk është parë kurrë ndonjëherë. Nëse jo, ata do të akuzohen për komplot, siç është rasti në vendin e simbolit të se drejtave demokratike. Kam vuajtur shumë nga lufta e dytë botërore dhe gënjeshtrat e saj. Disa grupe ndaluan hakenkreuzin. Për cilën arsye? Nuk di asgjë dhe ky është një shembull i thjeshtë. Ata ndaluan cdo shenjë rajonale, madje edhe ndaluan praktikimin e gjuhëve të popujve të ndryshëm sic janë Bretonët, Normanët, Baskët, etj. Për të njëjtën arsye për të vrarë popullin tonë sic bëri Stalini apo Tito me Jugosllavinë ? Këto sahate kryen cdo lëvzje të viteve pesëdhjetë ...

9 *shkurt* 2013

Unë nuk dua të bëj fjalime mbi çelësin e gjithckaje dhe këtë luftë që e ka shkatërruar zemrën dhe mendimet e mia. Por unë jam i detyruar t'i dënoj këto gënjeshtra ,të krijuara nga një propagandë me qëllim shkatërrimin e fiseve tona. Unë nuk kam frikë dhe sot jam i pavdekshëm . Edhe nëse dikush më vret, unë e di se ruajtja e legjendës sime do të jetë përgjithmonë e pranishme në zemrat e dishepujve të mi, të gatshëm për të luftuar me dimensionet e mia, sepse ata e dinë se unë do t'i mbroj me trupin dhe zemrën time deri në frymën e fundit të jetës, në këtë trup që Odin më dha duke më bërë njeri, për të arritur qëllimin e jetës sime. Unë jam afër popullit tim dhe nuk kam nevojë për homazhe, as për të drejta, as për para e aq më pak për dhurata. E vetmja gjë për të cilën kam të drejtë, janë detyrat e mia.... Është e nevojshme të merren masa kundër këtyre mashtrimeve të mashtruesve dhe të grabitësve që vijnë të na shkelin duke dërguar njerëz të gatshëm për të shkelur cdo parim. Për të qenë në gjendje të bëhen pjesë e shoqerisë sonë, ata do të duhet të më vërtetojnë mua se përse nuk qëndruan të luftonin në vendin e tyre dhe për cfarë arsye erdhën tek ne , përvec se për të krijuar çrregullime dhe mosmarrëveshje në kombin tonë. Më dëgjoni! Këta njerëz nuk kanë asnjë të drejtë këtu. Kjo ka marre fund pa diskutim. Pasi nuk kemi zgjidhje tjetër, ne duhet të kujtojmë të drejtën amerikane dhe të veprojmë në të njëjtën mënyrë. Për të qenë amerikan, në simbolin e demokracisë, ose të drejtën për të patur letra dhe para se të preknin paratë e paspecifikuara, është e domosdoshme që të kesh punuar 10 vjet ose më shumë për shtetin federal dhe për punën e tij në aspektin e taksave dhe të detyrimeve.

Punëtorët europianë jakë blu duhet të kuptojnë se ne vetë duhet ta mbjellim këtë, duke përhapur solidaritet ndërkombëtar. Dhe Lufta e Ftohtë ishte sigurisht më e vështirë dhe më e padrejtë për Evropën,së cilës iu desh ta përballonte e vetme dhe pa ndihmën e askujt . Keto ambicie të intelektualëve,që janë pjesë e organizatave të krijuara për të parandaluar pretendimet tona, duhet të zhduken, sepse ato nuk janë ligjore dhe të shkaktojnë zhvillimin e strukturave që dëshirojnë të vijnë në pushtet dhe të shkatërrojnë qytetërimin tone. Për aq kohë sa unë do të jem këtu, askush nuk do të jetë më i aftë të na shkatërrojë. Unë do t'i dëboj një nga një këta jo-besimtarë, duke i kthyer ata në vende të tjera, ku gjithcka që do të kenë do të jetë padyshim burgu.

Secili dhe çdokush duhet të dijë ,se ne jemi zotërinjtë e vendeve tona dhe se askush nuk do të na shpjegojë se si të organizojmë apo jetojmë në territoret tona. Çdo person që do të propozojë veten dhe të justifikojë të drejtën për të na kërcënuar, do të akuzohet për komplot para popullit vikingë, kelt, gotë dhe do të duhet të gjykohet para një gjykate të popullit, për fyerje në bazën e qytetërimit tonë, dhe do të duhet të paguajë pa patur asnjë konsideratë. Ata zgjohen të lumtur, ndërkohë që fiset e ndershme ëndërrojnë për identitetin e tyre. Kriminelët përgënjeshtrojnë dhe e organizojnë revolucionin e tyre të njohur si kulturore, sepse ky eshte besimi i tyre. Çdo trajtim i veçantë për politikanët duhet të anullohet, dhe ata duhet të gjykohen si qytetarë të zakonshëm. është e padiskutueshme që ata të mund të përfitojnë nga imuniteti. Pyetja për ju, vëllezërit e mi është, kujt i detyrohemi? Të burgosim drejtuesit menjëherë? Të kalojmë në gjykim dhe ti largojmë nga kombi ynë? Është e domosdoshme të përdoren të gjitha forcat ushtarake dhe policia që tani duhet të bashkohet me urdhrat tona dhe të garantojë besnikërinë ndaj betimit të bindjes, per mbrojtjen e rendit të kombit. Ajo do të jetë e nevojshme në qoftë se ata kanë bërë llogaritë e tyre dhe kanë treguar se kanë përdorur avantazhe të paspecifikuara ... Kjo nuk do të jetë e vështirë të provohet, duke marrë parasysh të gjitha abuzimet dhe dëshmitë që kemi tashmë në posedimin tonë ,në shënimet e darkave në restorante qe janë të vlershme me pagën e një punëtori jakë blu. Është e domosdoshme që Parlamenti të ndjekë direktivat tona dhe të gjejë një identitet që korrespondon me demokracinë e vërtetë, dhe jo me mediokritetin që është aktualisht. Kush prej jush e di sesa deputetë ka kuvendi evropian? Janë të nevojshme parlamentet rajonale. Një nevojë për një decentralizim të vërtetë ,për një shoqeri më të mirë ,e cila do të centralizohet në formën e ligjeve federale, që u japin rajoneve të drejta për të menaxhuar vetë. Le të mos harrojmë se egzistenca e popullit tonë dhe e fiseve tona është në diskutim.

17 shkurt 2013

Njerëzit janë të lodhur nga protestat ,për shkak të gënjeshtrave të tyre të mbledhura nga të gjitha pjesët e pas luftës, duke mbuluar këtë traktat famëkeq të Versajës. Njerëzit u ndjenë të përndjekur nga këto grupe të huaja që flasin për fetë e tyre si të ishin një fakt i pakundërshtueshëm, ndërsa ne, populli Viking, jetojmë në spiritualitet në përputhje me natyrën dhe respektin e saj. Është e nevojshme të kundërshtojmë dhe të bindim të gjithë partizanët, duke filluar nga rruga deri në virtualitetin e rrjeteve sociale.

Kështu, ne do të rrisim potencialin tonë të fitores dhe do të zgjidhim problemet tuaja, gjë të cilën politikanët nuk kane mundur ta bëjnë për vite me radhë… Sepse nuk mund të gjeni në mesin e personave të paaftë dhe të varfër , rezultate të larta potenciale. Unë nuk do t'ju citoj të gjitha gënjeshtrat që jam në gjendje t'ju shpjegoj, por unë do ta bëj me një drejtim konkret dhe aktual. Në lidhje me një problem që sapo kemi jetuar, në fakt higjiena e ushqimit. Domethënë ministri nuk di asgjë për këtë dhe ky rast është serioz sepse do të thotë se nuk është në gjendje që të punojë për poziten e vet. Ose e njeh atë dhe është një gënjeshtar; Në këtë rast, është e nevojshme të gjykohet përpara një gjykate revolucionare. Ne kemi nevojë për rregull. Perandoritë që bënë një pasuri para Aleksandrit te Madh e deri më tani, u bazuan në rend. Vetëm rendi është fuqia e zgjidhjes së politikës ekonomike. Vlera aktuale e operacioneve u krye nga mashtruesit që na morën peng nga fundi i luftës, me dizajne filozofike mashtruese në idenë e shfarosjes progresive dhe radikale të të gjithë individëve që mund të vinin në pushtet dhe të ndanin Europën ne rajone. Pasoja e një bindjeje të dhënë është çelësi për të luftuar për një kauzë. Stabiliteti duhet të mbështetet në planet filozofike të imponuara nga rendi. Është sistemi i shkarkimit të energjisë së vazhdueshme dhe zgjidhja brutale e vetëm një individi, por në të njëjtën kohë është në varësinë e ndryshimit të personalitetit, si dhe të natyrës dhe të fuqisë së tyre. Hartimet filozofike, ato që janë prej natyrës nënë ose rregulla - shpesh është e vështirë të gjurmojmë një përcaktim këtu - të luftojmë për më pak shkatërrimin. Kështu lufta e tyre është më tepër një mbrojtje sesa një sulm. Çdo përpjekje për të luftuar një sistem moral nga forca materiale përfundon në dështim, vetem nëse luftimi merr formën e një sulmi ndaj fitimit të një pozicioni të ri shpirtëror. Vetëm në luftën e ndërsjellë në mes të dy modeleve filozofike, arma e forcës brutale, e përdorur me këmbëngulje dhe në mënyrë të pamëshirshme, mund të sjellë vendimin në favor të partisë që ajo mbështet. Unë do të përcaktoj se cili është autoriteti i shtetit në qetësi dhe rend. Po, këto dy parime të cilat ne duhet t'I perdorim në një ekonomi të shëndetshme ekonomiko-politike, që jetojnë falë trashëgimisë , si në cdo kontinent tjetër në botë. Është e nevojshme që ju të kuptoni se ne duhet t'i kthejmë të gjitha këto grupe politike dhe t'i gjykojmë ato para gjykatave ,për t'i dhënë dënime të rrepta me burgim.

Është e domosdoshme që të rivendosim dënimin me vdekje që do të tregojë se jemi Evropë bujare, por që ne nuk jemi masa e derës që disa njerëz mendojnë për ne. Të gjitha politikat duan shkatërrimin tonë që nga fundi i luftës së dytë botërore . Është e nevojshme të mbani mend se çfarë bëri Napoleoni apo i famshmi Kryeministri Bismark. Ata donin të zhvillonin një strategji,dhe dëshironin të kuptonin vlerën e Evropës, duke e quajtur atë qendrën e botës sepse gjithmonë ka qenë e tillë dhe kjo nuk do të ndryshojë. Pas luftës dhanë urdhërin për të vrarë popullin tonë. Por ju mund t'i parandaloni ata, siç bëmë gjatë revolucionit francez. Ata do të shkojnë drejt gjyqtarëve ,dhe këta gjyqtarë do të zgjidhen nga ju, populli i Evropës. Le të mos harrojmë se pas luftës, ata ishin udhëheqësit e republikave të Evropës të cilat ishin skllevër me shërbimin e kapitalistit dhe fuqisë marksiste. Mohimi i kësaj të vërtete tregon vetëm naivitetin dhe gjithashtu budallallëkun e mashtruesit.

Six

Propaganda

~~~

24 shkurt 2013

N uk ka asnjë politikë sot pa propagandë dhe gjatë Luftës së
Dytë Botërore ajo mori një rëndësi të veçantë. Duhet
të dihet se më aktivët në këtë temë ishin marksistët,
stalinistët dhe maoistët, të cilët qëllimisht , shkaktuan valë
baticash me organizatat e tyre deri në atë pikë sa iu "prenë" kokat
e kundërsharëve të tyre, në mënyrë që këta të kishin pushtetin
absolut. Sepse po, propaganda fillon me adhurimin. Duhet të
dini se kjo metodë filloi me mijëra vite më parë me fetë që kryen
një luftë të pamëshirshme ndaj fuqive jopublike të momentit
dhe të këtyre personaliteteve, shpesh udhëheqësit e luftës që
panë vetëm pasurinë dhe vizionin e tyre. Propaganda është
një urë që shërben për të bashkuar dy ujrat e shoqërisë tonë:
fenë dhe politikën. Shpesh, do të vini re se unë shkruaj dhe
vërtitem në disa pika të caktuara, sepse unë kurrë nuk gjykoj por
thjesht shpreh mendimin tim dhe bëj vërejtje aty ku më duket
e përshtatshme. Le të marrim për shembull, rastin e një djali
të varfër që u dogj në një zjarr në Tunizi, që krijoi pranverën

arabe. Së pari, ju do të shihni dhe do të kuptoni se zbulimi i kësaj ngjarjeje nga shtypi, politika, murgjit dhe bota diplomatike, është me të vërtetë një propagandë e thurur për të marrë pushtetin e për të shkatërruar ose për të ngritur një pozitë neutraliteti. E gjithë kjo përfaqëson propagandën dhe ky shpirt i varfër është harruar njëherë e mirë nga mashtrimi djallëzor i kësaj fuqie të medias që dëshiron të marrë gjithçka dhe të mos japë asgjë. Kujdes! Propaganda ose e vërteta ,është art dhe nuk është aq e lehtë të fshehësh kundërshtarët e saj. Ju keni metodën e Stalinit: Unë mund të vras këdo. Dhe ajo e Goebbels: Unë vras frytin e gjithçkaje. Më dëgjoni mirë, mediat nuk kanë asnjë të drejtë t'ju bëjnë të mendoni atë që duan ata. Është e vërtetë që rrjeti ofron shumë shqetësime, edhe dikush përmes këtij rrjeti mund të shihet gjithashtu si një burim i propagandës që ka një qëllim të caktuar , në të cilin do të kthehem më vonë. Interneti është me të vërtetë një mjet i cili mbetet i panjohur vetëm për partitë e klasës së mesme. Kam patur kohë për të reflektuar dhe për të përfytyruar propagandën e partisë sonë dhe dëshirën për t'i dhënë një përkufizim tjetër kësaj fjale ,që shpesh merret si një armik, ndërkohë që është vetëm ajo që kalon mesazhin e grumbullimit të një grupi autoriteti dhe mënyrën e hartimit të një kompanie të shekullit të 21-të. Është e nevojshme që unë të përkushtohem sot në reflektimin dhe realizimin praktik të çdo propagande që do të jetë zemra e njësisë sonë përmes partisë ,dhe do të na japë buzëqeshje kur ecim në rrugë, të armatosur me simbolet tona ,duke predikuar origjinën tonë dhe identitetin e propagandës tonë. Si do të mundemi ne, tregtarët e kësaj bote, të tregtojmë produkte pa bërë propagandë? Në të vërtetë, shefi ka frikë nga asistenti i tij, për këtë arsye ai zgjedh një asistent të varfër dhe pa pushtet për tu kujdesur për fushatën e tij, sepse nëse ky asistent do të ishte I pushtetshëm, ai do të kthehej në një rival të shefit të tij dhe të konkurronte në të njëjtat zgjedhje me të. Por ajo që ky shef nuk di, është se i varfër apo me pozitë, personi pranë tij ,do të jetë pranë tij për aq kohë sa shefi të jetë shef. Dhe askush nuk bëhet kryetar me anë të zgjedhjeve, por ai ka lindur për të qenë I tillë, për këtë nuk ka asnjë dyshim. Pastaj do të më citoni emrat e atyre që kanë qenë kryetarët e mëparshëm. Por a ishin ata vertet lidera të lindur? Dhe unë do t'ju demostroj me anë të një shembulli , raste kur ju me të vërtetë e gëlltitni instrumentin e propagandës dhe e besoni. Për shembull unë ju them: "mustarda është e mirë". Pastaj ju menjëherë e provoni atë, por pa pyetur sesi është bërë apo kush e bëri. Këtu qëndron gabimi juaj. Ju u bëtë instrument i publicitetit, e për pasojë edhe e propagandës.

24 shkurt 2013

Udhëzimi i kësaj propagande është qëllimi i kauzës sonë të madhe , dhe nga ana ime dëshiroj të them që unë jam totalisht transparent dhe nuk kam asgjë për të fshehur. Përkundrazi, dhe me kundërshtimin e disa të tjerëve, ju do të më njihni shumë mirë: do të shihni atë që kam bërë, atë cfarë unë jam, cilat janë vlerat e mia dhe cfarë dua të bëj. Po, është e vërtetë, jam gati të torturohem dhe po, dua të shikoj veten në një pasqyrë dhe t'I them vetes se ajo atë që bëj, e bëj sepse kam nevojë. Nuk dua të shoh se nuk i kam bërë ato që kam dëshiruar. I urrej fjalët që nuk përdoren për asgjë , dhe unë do të bëj gjithçka për të vënë në zbatim zgjidhjet e problemeve tona. Ne duhet të marrim vendime këto kushte të vështira. Këta njerëz janë vetëm dordolecë që mund t'i frikësojnë zogjtë, por sigurisht që jo ne ,me kombin tonë krenar, për të cilin duhet të thurim përsëri një propagandë të vërtetë për të jetuar dhe për të kapërcyer këta mashtruesa. Secili prej jush duhet të jetë pjesë e zinxhirit të propagandës dhe të predikojë ngjyrat tona, të cilat i shihni në veshjet e Aleksandrisë. Urdhëri dhe propaganda janë të vetmet mënyra të shfarosjes së parazitëve nga atdheu ynë. Ne do të predikojmë idetë tona aq fuqishëm sa që atyre nuk do tu mbetet zgjidhje tjetër veçse të largohen, sepse do të gjenden të rrethuar nga një koncept që do të ngrihet madhërishem mbi gjithë të tjerët. Mos mendoni se jeni shumë të përkryer për ta pranuar këtë mësim? Veçanërisht jini të ndershëm me veten tuaj, jo si këta të pafytyrë që janë mashtruar në mediokritetin e tyre të padobishëm. Propaganda është këtu për të arritur një qëllim dhe ajo është mjeti përfundimtar. Qëllimi është simboli i kauzës i cili është edhe simbol i njeriut i cili është përcaktuar dhe mbrojtur nga propaganda. Unë mund të kuptoj se kjo nuk i pëlqen të gjithëve dhe se ndonjëherë sjellja e saj nuk është e qartë në idenë e interesit të përgjithshëm. Por nëse është me shërbimin e kësaj kauze dhe nëse ka efektin e qëllimit të saj, atëherë ajo bëhet motori i zbatimit të një rruge e cila mund të jetë e mirë ose e keqe. Kjo mund të ndodhë vetëm nëse shkaku është i instaluar në baza teorike të cilat e kanë parë formën praktike dhe jo idetë e pranuara përgjithësisht për projekte personale. Propaganda kujton në veçanti se dikush jeton për shkakun e saj dhe se i përket një tërësie. Kjo e tërë është një shembull i mprehtë i vajosjes ekstreme të epërsisë që mund të preket vetem me anë të zemrës. Nuk duhet të gjykojmë për shqyrtimin e nxitjes së propagandës. Por, nëse ndalemi të gjykojmë për qëllimin, atëherë do të shkruaja një libër filozofik dhe nuk është as rasti, as vendi, as momenti, ndërkohë që ne duam akte dhe jo premtime. Sepse, po, propaganda nuk është një mbetje e premtimeve të bëra nga një parti e cila zgjodhi në qendër të saj një përfaqësues që guxon të quhet kryetar, dhe të cilin unë e quaj të varfër apo pa këmbë ne tokë. Dëshira ime është që të zhduk të gjithë parazitët, betohem se nuk do të ndalem derisa ti shtyp pas hapi. Perdorimi im i propagandës është i qartë. Unë do të luftoj për pavarësinë e popullit tim, në mënyrë që të ketë bukë për të ardhmen e tij të errët, në të cilën dëshiron ta lënë. Unë dua të përdor termin "për të dhënë", sepse kjo sjell termin "për të dhënë një tokë pjellore". Ne nuk jemi skllevër të këtyre idiotëve. Sigurisht që unë do të luftoj për propagandën e cila do të ringjallë nderin e kombit tonë të madh. Sot e them që të më dëgjoni të gjithë, do të luftoj për t'i dhënë popullit tonë, drejtësinë që meriton, sepse të paaftët nuk meritojnë asgjë dhe aq më pak liri. Ne jetojmë së bashku në një komb dhe do të luftojmë së bashku për të mbrojtur të drejtat tona. Por në qoftë se dëshironi të ndani kauzën, atëherë luftoni në anën e propagandës dhe ngrini kokën kur dikush ju shikon. Predikoni simbolin tuaj, veshjen tuaj që tregon se ju i përkisni kombit Viking, Kelt, Gotë dhe se ne jemi në vendin tonë sot. Kjo është lufta. Nuk duhet të zgjosh një viking që fle. Nuk duhet të zgjosh vetëtimat e ODIN-it. Njerëzit tanë luftojnë në këtë planet për ekzistencën e tyre dhe çështja e qënies ose e mosqënies sapo është ngritur. Të gjitha konsideratat e njerëzimit dhe estetikës janë zvogëluar në asgjë kur shkaku i saj është shkatërruar.

3 mars 2013

Propaganda nuk është në mënyrë të pashmangshme një ikje nga ndjenjat kundër revolucionarëve që vijnë për të shkatërruar të tjerët. Çka mund të udhëheqë një komb të caktuar për këtë dhe të drejtën e lirisë, që mund të ndodhë në të njëjtin koncept? Sepse propaganda u ftua për një kohë të gjatë në një luftë midis jetës dhe vdekjes. Është e nevojshme të dimë dhe të jemi të vetëdijshëm se kjo armë e cila është propaganda, mund të jetë më shumë se e tmerrshme dhe mjaft shkatërruese... Pra, shumë

më tepër se sa mund të mendoni. Çfarë propagande ka sot? Ajo
që zhvillohet nëpërmjet botës së mediave dhe rrjeteve? Me cilët
njerëz duhet të flasësh për propagandën ?? Me intelektualët
apo me masën që nuk janë të informuar, ose aq më pak me
ata të cilët tashmë e kanë konsoliduar idenë e klasës së mesme
për një të ardhme të përbërë prej borxheve dhe përvetësimeve.
Por propaganda për një kohë të gjatë u bë gjykata e ri-krijimit
të artistëve të dominuar nga dëshira për t'u bërë te famshëm,
për të tërhequr vëmendjen në postera apo reklama televizive.
Ideja që një imazh mund t'ju bejë tërheqëse historinë e një filmi,
mori një dëshirë gjithnjë e më të fortë për të shkatërruar atë që
nuk ekziston dhe për të nënkuptuar me anë të fotografisë diçka
imagjinare, pjellë e dëshirave tona . Propaganda nuk ekziston
për të shënuar imazhin e diçkaje,por për të shpalosur një fakt
nëpërmjet një imazhi. Por mund të lind vetëm një njeri, i cili do
të jetë i aftë që të fitojë zemrat e njerëzve me anë të shpirtit dhe
karizmës së tij. Vetëvendosmërisht, kjo nuk është e nevojshme
për të siguruar stabilitetin e fuqisë ekonomike që përfiton nga
ekzistencializmi njeriu. Nevoja për imazhin dhe kontradiktat
bëhen thirrja për ndjenjën e arsyes. Propaganda që të jenë të
popullarizuara dhe të burojnë nga këta njerëz që e vendosin atë
në nivelin e spiritualitetit që asimilon politikën dhe traditën janë
populli ynë i Evropës. Nga ana ime, dëshira që kam për të folur
për propagandën , është për të përcaktuar kushtet nën të cilat
unë do të mbajë fytyrën morale dhe do të shkaktojë rënien e
armikut para këmbëve tona. Unë do të hedh çdo konsideratë
emocionale në hithra. Politika, zonja dhe zotërinj, nuk është një
fushë me lule, dhe kombi nuk është një park argëtimi si Asterix
apo Disney, por një luftë. Ne luftojmë për këtë terren, ku të gjithë
ata që vijnë në ambjentet tona përpiqen të na pushtojnë dhe të
na burgosin në rrjetat e tyre të mëdha të cilat tejkalojnë të gjitha

caqet. Psikologjia e turmës ndryshoi sepse ju është bërë shpëlarje truri me fraza të tilla biblike si "kthimi I faqes tjetër", etj. Por kur ju kanë vjedhur, çfarë dëshironi të bëni? Të vrisni? Propaganda është këtu për të ndarë me të gjithë , rrezikun dhe hipokrizinë e këtyre gënjeshtarëve famëkeq të cilët jetojnë në makinën e tyre të drejtuar nga shoferi. Kush i krijoi revoltat? Jo masa, por intelektuali mesatar që është ngritur kundër prindërve të tij / saj dhe çmendurisë së tyre . Por ne këtë rast, është shumë herë më tepër serioze! Ne I braktisëm urdhërat e mashtruesve të paguar nga armiqtë tanë për të na shkatërruar. Askush në asnjë rast nuk ka të drejtë të modifikojë përmbajtjen e asaj që është objekt i propagandës. Por gjithnjë, në analizën përfundimtare, duhet të përsëriten të njëjtat gjëra. Është ajo që e quajmë "terapi çekan" në gjuhën e popullit. Parulla mund të jetë mirëqenia e ndriçuar në anë të ndryshme, por qëllimi i çdo bisede gjithmonë duhet të reduktohet në të njëjtën formulë. Pra, vetëm propaganda mund dhe duhet të veprojë me frymën e vazhdimit dhe të kohezionit. Propaganda është në rrugë. Ka një fytyrë, e imja. Ka një emër, traditë, identitet dhe kulturë.

Seven

Revolucioni

13 mars 2013

*A*nuk është revolucioni fillimi i një epoke të re? A nuk është një rilindje e domosdoshme? Në fund të viteve shtatëdhjetë, ndjekësit e lëvizjes punk, bërtisnin "Asnjë e ardhme". Revolucioni është gjetja e së vërtetës jo vetëm në drejtimin e këtij revoltimi që shtyn të marrë armët dhe ka për të gjetur një ushtri që ndjen për udhëheqësin e saj respekt. Siç tha Uilliam Uallace "qaj liri" deri në atë pikë që vë jetën e vetë, gjaku i vetë, për të shpëtuar këtë liri që është pjesë përbërëse e traditës sonë vikinge . Vetëkuptimi i të tjerëve do të jetë ai që do të mishërojë vlerat e revolucionit për të filluar përsëri dhe jo për të ardhur në pushtet me mashtruesit që u kthyen në parazitë brenda shoqërisë tonë për t'i dhënë fund trashëgimisë tonë.

Revolucioni ka qenë gjithmonë një simbol i revoltës edhe para asaj të vitit 1789, në Francë. Me sa duket, çfarë është edhe më tepër "utopike" dhe "idealiste" sesa këto projekte të paqes së përhershme që lindin gjatë kësaj kohe moderne?.... Revolucioni shpesh është i përkushtuar nga ky imazh, që paqja duhet të pasqyrojë në shoqëritë tona moderne perëndimore, ndërkohë që kjo shihet e devijuar nga origjina e saj për t'iu përgjigjur ideve të demokracive që shihen në lidhje me këtë model. Pastaj për këtë ekziston një teoremë interesante, e cila do të ketë të drejtën për të bërë një revolucion, nëse është bërë brenda kornizës, të krijojë një simbol të demokracisë edhe të paqes. Ah, këto pëllumba të bardha të Z. Picasso për horizonte të egra të cilat refuzojnë imazhin e një njësie politike të lidhur me shitjen e qëllimeve të republikanëve të rendit të shkruar në mashtrimin e jobesimtarëve. Revolucioni është për mua sot e vetmja mënyrë që na mbetet për të lënë pas këtë mediokritet dhe ti lëmë vend kombit tonë për të realizuar idealet që mund të arrijë vetëm arsyeja: një ditë detoksifikimi sepse mënyra e hapur do ta kthejë shoqërine tonë vetëm në kontrollin e mjerë të një fuqie të dhënë nga politikat e njëjta që kemi në revolucionet lindore të quajtura pranvera arabe. Ndaloni së menduari për interesin tuaj dhe kushtojini rëndësi edhe tokës ku ushqeheni . Ju duhet të keni të qartë forcën e kombit dhe të bëni gjithcka për të mbrojtur unitetin e popullit. Ata që kontribuan në këtë terren dhe të cilët do të luftojnë për këtë natyrë, e ta bëjnë atë cdo ditë e më të bukur dhe jo për ta shfrytëzuar si çdo organizëm i huaj që kërkon vetëm ta shfrytëzojë. Revolucioni është shpresa jonë e vetme dhe ne duhet të hedhim jashtë bazës tonë ata që donin ta kalonin atë dhe të ktheheshin në gjendjen e hirit që pohohet në dritë. Paqja e përhershme nuk është pasojë e një fantazie imagjinare nëse ajo kryhet nga një udhëheqës i cili jeton për idetë e kombit tonë dhe që ndjen në gjakun e tij fuqinë për të drejtuar popullin viking, kelt, gotë.

20 mars 2013

Çfarë është ajo që revolucioni dëshiron të thotë sot?. Revolucioni është një dëshirë për të gjetur veten dhe për të krijuar një fillim të denjë për fundin e tij. Fytyrat revolucionare u bënë për të luftuar kundër njëra tjetrës dhe për t'i dhënë fuqi insekteve të varfëra si Stalini, Hitleri, Napoleoni dhe të tjerët. A besuat qoftë edhe një herë se këta njerëz vërtetë e shkruan atë që ata shkruan, se ata bënë atë që ata bënë? Jini serioz për dy sekonda dhe reflektoni... Kur doni të krijoni një kompani, sa njerëz ju duhet për ta bërë produktin, për të krijuar, dërguar, paketuar dhe pa harruar komunikimin, kontabilitetin, atë ligjor, doganat, kostot e eksportit... Me pak fjalë ju shihni mirë se këto qenie ishin vetëm kukulla në komandën e një fuqie shumë më të rrezikshme.

Për këtë arsye, një revolucion më në fund do të na mundësonte të shkatërronim këto grupe të papastra të cilat edhe në botë përfaqësojnë mediokritetin, urrejtjen dhe sportet e tyre ditore që fluturojnë dhe fshehin gjithçka që ju përket. Ju zgjoheni dhe merrni armë! Ndaloni të mendoni për ngushëllimin tuaj të vogël të punonjësve të klasës së mesme, të cilët nuk kuptojnë asgjë dhe që nuk duan të ndryshojnë jetën e tyre. Revolucioni duhet të bëhet! Dhe ne të gjithë duhet të na vënë nën flamurin e TIC dhe pozitës. Revolucioni i TIC-së është një revolucion total i krijuar nga të gjithë ju. Unë ju angazhoj që të krijoni komitete brenda rrugëve tuaja, të shoqërive tuaja, të burgosni pronarët tuaj dhe sindikatat tuaja të cilat nuk janë më të mira se këta punëdhënës; Unë nuk flas për zërat që ngrihen, por ato që erdhën në pushtet si rezultat I këtyre bashkimeve dhe që mbrojnë vendin e tyre. Revolucioni lufton në të njëjtin drejtim sheh shfaqjen e ngjyrës së botës dhe vizionin e propagandës. Përndryshe, përfundimi i revolucionit ku secili duhet të justifikojë atë që fiton dhe atë që paguan si taksat. Është I nevojshëm burgu për çdo politikan që ka gënjyer dhe që është shpallur fajtor përpara popullit dhe drejtësisë. Sepse po, drejtësia është tek populli dhe asnjë president apo ministër nuk ka të drejtë ta ndryshojë këtë. Asnjë person në Evropë nuk ka të drejtën e jetës për dividentët e shtetit. Sot, njërëzit vuajnë dhe vazhdojnë të ëndërrojnë për dhuratat e Krishtlindjeve që nuk ekzistojnë. Asnjë nga këto qeveri nuk është në gjendje t'ju sjell paqen dhe pasurinë qe unë do t'ju sjell dhe do të luftoj me amerikanët, do të krijoj ura me Kinën, do të zhvilloj kompanitë tona dhe do të dënoj gjithçka që dëmton natyrën tonë me sanksione shembullore. Letrat e ankesave nuk do të ndryshojnë asgjë. Kemi nevojë për këtë revolucion. Pastaj merrni flamurin e TIC-së valëviteni lart dhe fortë . Por një nga mosmarrëveshjet e ligjeve , është martesa e homoseksualëve. Si e dëshironi ta zgjidhni këtë çeshtje?! Nevojitet rendi. Vetëm një ushtri mund të kapërcejë armiqtë e saj. A jeni gati për mirëpritur të huajt në mënyrë që qeveritë t'ju thithin gjithçka që keni? Shikoni para dhe mos thoni jo. Le të krijojmë së bashku këtë revolucion të madh dhe rrasim në burg këta mashtrues. Unë nuk jam vulgar, por realist. Çfarë dëshironi ju? Një njeri që flet me ju dhe kush është krenar të ngrejë kiltin e tij si shenjë e lirisë dhe protestës? Apo një njeri pa besim që ju bën predikime si një murg që nuk kupton më shumë dhe nuk sheh se ku është shpresa e të qenit një komb luftarak i cili do të luftojë me shpirt për idealet e tij? Jetoni revolucionin dhe të drejtën e lirisë në këtë komb të madh.

Le të jemi krenarë për atdheun tonë. Le të jemi krenarë për ata që vdiqën për ne dhe për të shpëtuar kombin tonë nga këta mashtrues dhe nga çdo vend që donte të na shpërbënte. Një kushtetutë nuk është çelësi i një paqeje të përhershme. Duhet të mbështetet tek vllazëria në mënyrë që njerezit të ecin të gjithë së bashku dore për dore drejt një qëllimi të vetëm. Është e domosdoshme që në çdo rast të organizohet një shtet i rendit dhe jo një shtet ligjor i cili lufton mbi ligjet e papërshtatshme. Historia të largohet nga ata që drejtojnë ekonominë për të qenë në gjendje të bëjnë trafik të skandaleve. Le të luftojmë për rendin. Rendi i shteteve evropiane.

Eight

Dëshira për të filluar aktivitetin tim politik

❧

21 mars 2013

*U*në isha në burg dhe pyesja veten pse isha i burgosur, duke marrë parasysh se më shumë se 143 veta u ndaluan nga kjo qeveri demokratike amerikane, ndërsa unë në fakt isha fajtor që para se të gjykohesha.

Mendova dhe për herë të parë në jetën time, e njëjta jetë mori më në fund një drejtim. Po dhe më në fund unë nuk isha më rob i një bote në të cilën vuajta dhe më në fund kisha një qëllim. Kjo për të më përgatitur për t'u bërë ai që duhet të bëhesha. Kur në një shtrirje u ngrit një zë dhe më dha një forcë e cila do ta bënte egon të pamposhtur e të gatshme për të prishur atë gjënë e pamundur: qeverinë amerikane. Dënimi i të gjithë të burgosurve ishte gjithmonë i njëjtë "BOP (zyra e burgut), kur ai e ngre dorën lart e thotë, nuk mund të largohesh më". Është e vërtetë se çdo person që u kthye në burg, mori një gjykim që nuk asnjëherë nuk qe më pak se 10 vite dhe ndjeva brenda meje një dëshirë të tmerrshme për të ndjerë dhimbje.

Unë nuk e di pse, por po këtë ditë koka ime njdjeu freskinë në dritaren e këtij autobusi, i cili më shoqëroi nga njëri burg në tjetrin, të inkuadruar nga 8 policë të armatosur sikur të ishim në Irak me pranga nëpër duar e këmbë dhe një zinxhir që më rrethonte me një madhësi që mund të lidhte prangat e poshtme dhe të sipërme dhe të mbyllura me një kyc që peshonte në duart e mia të gjakosura... Ata kishin frikë se grupe të armatosura nga jashtë, do vinin të më shpëtonin!

Ajo që më bëri akoma më shumë të qesh, është se me të vërtetë e pyesja veten se si lindi ky imazh në ato mendjet depresive dhe prokurorët të cilët ishin në atë pikë që tu thoshin të gjithëve: "a keni kërkuar? "Ju e keni parë, është kudo, është një" yll i madh "... Hej po, fytyra ime ishte në të gjitha kreditë e informacionit, gjë që e bëri egon, një njeri të rrezikshëm për të shkurtuar.

Pastaj fillova të luaja këtë karakter dhe fillova të kujtoja të gjithë paraardhësit e mi, të cilët kishin qenë në burg për shkak të garave mes tyre. Ajo që kishte qenë shkaktari i humbjes së familjes sonë për shumë herë gjatë kohës së këtyre viteve që unë njoha me anë të librave dhe duke studiuar unë kuptova gjithnjë e më shumë pse-në e burgosjes.

Gjithmonë i kisha shmangur lëndët që fyejnë, si politikat paralele, nafta dhe ekonomitë, për t'u kthyer në universin e artit dhe krijimit dhe për të jetuar në një projeksion artistik midis modës dhe pikturës. Atëherë pse gjendesha në burg? Pse këto qeveri ishin të frikësuara nga unë? Dhe përse kjo dëshirë e madhe për të më future në burg në Shtetet e Bashkuara? Nuk ka gjasa që dikush të largohet gjallë duke marrë parasysh numrin e të burgosurve të vdekur çdo ditë, ata që nuk ishin pjesë e bandave apo kompanive të paligjshme të cilat mbrohen në këtë vend sepse jane pjesë e universit të tyre.

Të gjitha këto mendime u krijuan në shpirtin tim dhe unë

fillova të zgjohesha; Po, gjithë jetën time kisha dashur të vdisja duke testuar të gjitha mundësitë e vetëvrasjes ose provokimeve. Dhe për herë të parë dëshiroja të jetoja dhe kësaj here të jetoja për një qëllim të vërtetë, të më rrihnin dhe të fitonin. Një forcë e çmendur më kapi dhe ndihesha i pashkatërrueshëm, i gatshëm edhe për të më rrahur më në fund për këtë ide politike që qëndronte bindshëm brenda meje që nga ajo kohë, shumë e vogël, aq shumë sa kujtoja për këtë moment kur, në moshën 9 apo 10 vjecare, për të regjistruar një simbol të ndaluar Viking, që thoshte që nga lufta dhe që për mua përfaqësonte më shumë se atë gjënë e pamundur, ndalimin. Por, cili ishte në gjendje ta ndalonte këtë idiotësi dhe pse? A nuk është njeriu i aftë të japë ndihma? Është ajo cfarë demokracia mund të lejojë të ndalojë pa u justifikuar? Kështu, u ktheva në politikë dhe ruajtja e saj ishte e njohur. Isha gati për ta përgatitur veten time për tu bërë ai që doja të bëhesha. Paraardhësit e mi do të ishin krenarë për mua, ky njeri që refuzon dhe pranon atë që duhet të jetë për të qenë i përshtatshëm për një fat dhe për një të ardhme të mundshme pas një imazhi futuristik që premton një ditë më të mirë. Për shkak se një lufton dhe asnjëherë nuk i lejon ndëshkuesit të vijnë për të luftuar me dimensionet e tij. Kam analizuar politikën e Evropës dhe kam ngritur një lojë për të parë nëse unë kam qenë në gjendje të dominoj të burgosurit për një temë që ata nuk e dinin. Duke e ditur se ata e vendosën Francën nën Meksikë ose pranë Iranit, pra për ata në Australi. Po, gjeografia nuk është fortesa e Amerikanëve dhe aq më pak për njerëzit e burgut, por më e mira për mua. Sepse, po të kisha mundur t'i dominoja ata dhe fjalimi im ti prekte ata e të luftonin për mendimet e mia, atëherë do të mund të arrija të fitoja kontrollin e një sistemi politik të bazuar në rendin dhe parashikimet e një kombi të madh. E kisha konsideruar rolin e Europës dhe e kisha kuptuar se Evropa ishte kontinenti i vetëm që lindi nga traditat e saj. Roli ndryshon krejtësisht dhe në fakt ka gjeopolitikën e kundërt të sistemeve që mund të jenë në Amerikën e Veriut ose në jug, Azi apo Afrikë. Po Europa në vitin 1905 kishte parë shfaqje demonstrative të mbështetjes me kombet e krijuara nga çdo pjesë kundër sistemit të Evropës së rajoneve. Këto dëshira ishin mbështetur pas luftës së 14/18 dhe ishin shprehur me traktatin e Versajës, të vitit 1919 dhe ishin nxituar nga i njëjti për të krijuar shoqërinë e kombeve. Po, atëherë lufta ime do të ishte kundër këtij mashtrimi dhe për rivendosjen e Evropës së rajoneve që përfaqësonin të ardhmen e Europës.

Kuptova gjithnjë e më shumë rolin tim në këto burgje dhe para këtyre gjyqtarëve dhe jurisë së madhe, duke zbavitur veten dhe duke marrë vathën për të përdorur të gjitha mundësitë për të lënë këtë ferr, ndëkohë që gjykimet më kishin hedhur në burg për dhjetëra vite, ndërsa unë kam qenë në koma për shkak të sëmundjes sime gjenetike që ka prekur trurin tim: cavernamatosis dhe epilepsi: ADN e familjes sonë. Po, në qoftë se arrita ta braktisja këtë komplot atëherë me të vërtetë, do t'ia jepja jetën njerëzve Vikingë, për tu mbledhur me koston e gjakut për Evropën e gjyshërve të mi.

Ishte e nevojshme që të krijoja një parti të re e cila zbaton trajnimin politik të qarqeve evropiane, që nuk gjendeshin më në partitë tradicionale, të cilat i kishin rraskapitur burimet aq shumë sa që ato nuk kishin më besueshmëri

24 mars 2013

Me të vërtetë vendosa të përfshihesha në politikë kur pashë se politikaët ishin thjesht njerëz të varfër. Mendova të kundërtën se politika nuk duhej vetëm për burra të mëdhenj apo për gra të mëdha, por gjithashtu për njerëz të jashtëzakonshëm të cilët e kishin kuptuar se politika ishte një priftëri dhe që nuk kishte asgjë për të fituar aty, jo. As para, as falënderim, por kënaqësi personale për ti thënë vetes "Unë e bëra atë". Kjo ishte për mua më e rëndësishme dhe e nevojshme në jetën time të përditshme. Kam kaluar një kohë të vështirë për të kuptuar të kaluarën e familjes sime dhe pasqyrimin e historisë, duke pasur parasysh që të gjithë librat zyrtarë të historisë dhe politikës, janë të rremë dhe janë shkruar nga mashtrues që paguhen nga grupe të mëdha financiare të cilat duhet të shkatërrohen. Jo për të mbijetuar, por për të marrë përsëri fuqinë. Fuqia ka vetëm një fjalë: "rend". Ajo që dua të bëj për angazhimin tim politik është të gjej zgjidhje që janë para nesh dhe politikanët e të cilëve nuk kanë ndonjë ide, sepse ata janë vetëm kukulla të paafta për të shkruar tekstet e tyre. Natyrisht, nuk flas për të punuar në ekip. Por në qoftë se udhëheqësi nuk lufton për bindjet personale as të rezultatit të situatës atëherë ai nuk do të mund të drejtoj. Të gjitha programet janë të rreme. Unë nuk e shoh politikën në 60 pikë, por në tri pika. Dhe nëse dikush arrin të fillojë tre pikat, atëherë është fundi i krizës. Unë nuk do t'ju flas për gjëra të tilla ose politikanë të tillë, sepse për të folur për këta mediokritë, tashmë është një humbje kohe. Jo, unë do t'ju shpjegoj dëshirën time për të luftuar mbi problemet ekonomike të cilat janë aty gjithë kohës dhe unë mund t'ju befasoj duke u kujdesur për to. Dhe ju bëni një pyetje më shumë: pse rënia e Evropës? Për cfarë gjëje është përdorur? Nëse ju keni përgjigje atëherë ju keni dhe një pasqyrë të përgjithshme mbi biznesin botëror dhe pse-në e këtyre problemeve. Demokracia amerikane është simbol i demokracisë botërore. Çfarë ndodh kur një politikë ka bërë një gabim? Shkon në burg. Çfarë bën kur një tregtar fluturon për paratë? Shkon në burg. Dhe po, i njëjti ligj për të gjithë. Për të vjedhur një Mobylette ose për të krijuar një fund spekulativ, për të fryrë shitjet e shitjeve për t'u rishitur me cmim më të lartë dhe për të zhvilluar brenda kompanive të tregtimit të brendshëm... Ky është diagrami që politikanët ju ofrojnë. Nuk ka më vija apo majtas. Gjithçka që ende është një gënjeshtër e bërë në mënyrë që ju të bini në panel dhe të besoni në këto veprime, në televizione të cilat i shërbejnë interesit të tyre. Revoltohuni dhe i merrni peng të gjithë këta njerëz që janë tradhtarë të kombin, njësoj si paraardhësit tuaj bënë gjatë revolucionit francez. Besoni traditat dhe ju do mund të vazhdoni të hani proshutë vendi dhe mish derri të gatuar nga duart tuaja. Mos kujtoni se nuk i di emrat e korporatave të lidhura me aktivitetet ekonomike. Por nuk është çështja që të gatuani vetëm një patë e më pas tu ndryshojë jeta dhe ta shshihni atë së bashku. Horizonti im u zgjerua dhe vazhdoi të merrte me ju nismën e skenës dhe tu kërkonte llogari presidentit dhe deputetëve. Unë do të vij me zgjidhje dhe unë do të kem ekipet gati për të prishur disa. Kam nevojë për të gjithë ju. Nuk do të arrijmë të ndryshojmë e as të kthehemi përsëri në këtë Europë të madhe pa mbështetjen e çdo guri. Luftoni me mua. Ejani për të mbështetur aksionin tonë për të përfunduar disa sisteme financiare të skllevërve. Ju, populli evropian, ju mungon qartësia në hartimin dhe vlerësimin e jetës ekonomike dhe parimet e saj. Çfarë është kapitali nëse nuk është fryti i veprës së prodhuar. Le të kthehemi në të vërtetën ose në këtë fryt dhe le të kuptojmë cili është ai. Është e domosdoshme të mbrohet aktiviteti njerëzor dhe ti japet rëndësi fuqisë së një shteti, nga i cili të gjithë duhet të sjellin të mirën për të ruajtur këtë nocion të rezultateve. Unë dua të jetoj me shërbimin e shtetit dhe të ndaloj çdo veprim të huaj për t'u bërë pronar i mallrave tona dhe për ti bërë të dridhen këta të huaj me forcë dhe rend. Sa më shumë që ne do të predikojmë rendin aq më shumë do të respektojmë të gjitha këto grupe që dje dëshironin të na vidhnin dhe nesër do të dëshirojmë mbrojtjen tonë ashtu siç bënë me amerikanët me dallimin se jemi fqinjët e këtyre njerëzve, të cilët kanë nevojë për ne sepse edhe vetë mënyra e tyre e të bërit financë nuk përkon me bindjet e tyre, gjë që paraqet probleme të mëdha të fondeve pa asnjë mundësi kthimi. Ne duhet të përfaqësojmë lirinë, forcën ushtarake dhe rendin e kombit.

4 prill 2013

Unë duhet të flaës për rolin që ka shteti te kapitali. Por në këtë rast, do të kthehesha në gjithçka që ishte thënë tashmë nga pseudo intelektualët e fillimit të shekullit të 20-të. Si mund ta përshkruaja këtë përkushtim politik, i cili, në fund, ishte si një zjarr që digjej brenda meje dhe që u rroka me gurët ranor të jetës sime përmes krijimtarisë dhe studimit të teologjive. Frika e gjyshërve të mi, mendoj, të shihnin këtë force brenda meje iu dha atryre një frikë sepse ishte e vërtetë që Europa duhet të brengosë vetë hirin e saj nga ky kalorës i cili do të besonte në vlerat e kaluara për t'i dhënë të tashmes një të ardhme gjithnjë e më tepër. Unë u devijova nga kjo rrugë politike, sepse kisha frikë nga vetja ime dhe veprimet e mia me pyetjen që rrëfeva në kokën time të fëmijës me shpirtin e torturuar: a do të ishte kjo zgjidhja më e mirë për të gjithë njerëzit? Si mund ti drejtoja njerëzit me duart e mia? Nga ku pyetja e dytë që më dogji buzët: si një i paaftë shpesh i habitur mund të arrijë nga një stacion i një bashkësie të thjeshtë për tek ajo e presidentit të republikës, ndërsa nuk ishte as në gjendje të zgjidhte problemet e tij personale... Dhe akoma më pak vizion në kushte mesatare dyshonte se cfare kishte krijuar në këtë qytet të vogël dhe që kërkonte asgjë nga askush, përveçse për të qenë në gjendje të jetonte dhe të kuptonte botën e së nesërmes.

Pastaj në një farë kohe, pyesja veten pse i bëra të më kishin frikë, me këta tregëtarë të tempullit, këto politikanë dhe industrialistë. Kjo nuk ishte akoma dhe ende e njëjta histori dhe kthimi në paragjykime të cilat e bënë egon udhëheqësinë e njerëzve në rrugë. Dhe nëse ata të gjithë kishin frikë nga unë, nuk ishte se unë isha në gjendje t'i transferoja dhe ti tregoja se ato nuk ishin thelbësore, madje edhe kur ata bllokuan ritmin e një qytetërimi. Unë nuk do të marr shembuj konkret për ju për momentin, por është e vërtetë që në çdo rast unë kam qenë plotësisht dakord me sistemet ligjore amerikane për anti besimin. Nga e cila një person i drejtë mund të autorizohej për të marrë një treg, sidomos kur ky i fundit ishte ndihmuar nga krahët e një fuqie. Kështu u caktova të bëj kontroll mbi të gjithë dhe kam dashur që njerëzit të shikonin dhe të kuptonin përfundimisht këtë komplot të neveritshëm. Le të imagjinojmë, nëse keni një miliardë lekë, pse të keni më shumë? A nuk keni mjaftueshëm? Dhe jo, jo, për këta zotërinj, të cilët preferojnë të shkatërrojnë vendet për të humbur një lojë ku, në fund, janë ata humbës sepse janë të izoluar përgjithësisht aq shumë sa që ata përfundojnë në mes të 4 bordeve të cilat shpesh nuk pasqyrojnë as pasionin e tyre. E pashë shpesh, për shkak të grave të tyre përkatëse dhe të dashuruarve të tyre, të cilat shpesh janë miket më të mira përveç tyre. Me pak fjalë për të marrë përsëri një shprehje me mënyrën, është moment kur unë duhet të marr gjithçka seriozisht. Po, por si të filloj? Dhe me çfarë? Dhe më e keqja e të gjithave, me çfarë? E majta dhe e djathta nuk ekzistojnë. E gjithë kjo është një bandë budallenjsh që bëhen për analfabetët në më pak se 6 vite. Kjo shumë beson në vlerate kockave të fundit që luftuan për pushtetin dhe jo për bindjet ashtu si mundën ta bënin Robespierre ose Che Guevara. Pastaj shkova tek të gjithë në Evropë, pastaj në botë, për të kuptuar cilat ishin sfidat e këtyre politikave që flisnin për ide kaq të ndryshme

nga njëra-tjetra. Pastaj e vërteta u shfaq tek unë... Dhe në qoftë se
të gjithë politikanët do të vraponin pas një fuqie si një projektim
që nuk ekzistonte? Po, në të vërtetë, asnjëri prej tyre nuk kishte
bindjen më të vogël për ta bërë priftërinë e tij në këtë profesion
besimi që duhej të kishte një politikan. Natyrisht, kur them
"njeri" flas për tërësinë e kuptimit njeri. Në këtë rast, mbi të dy,si
gratë dhe burrat janë marrë parasysh. Njëri është shumë larg
nga shkaku dhe nga këta njerëz që do të vdesin për këtë imazh
që rrezaton si një diell pa zë. Por këtu, unë isha në të vërtetën
absolute. Gjithkush ia dha veten politikës. Politikat gjithsesi nuk
kishin asgjë për të të dhënë ty,toka dhe ekzistencializmi kantian.
Po, isha përpara një metafore të botës dhe unë do ta ndryshoja.
Por për të ndryshuar, e vërteta duhet të rishkruhet. Megjithatë,
të gjitha leksikat e shkollave ishin të ndotura nga gënjeshtra ose
shumë shpesh edhe të ekzagjeruara për të zgjedhur një zgjidhje
të tillë. Dhe këtu, u vendos. Që tani të gjitha shenjat, imazhet
ose simbolet e tjera dhe sistemet simbolike të popujve Viking,
Kelt, Gotik do të ishte qëllimi im personal. Dhe po, unë do të
pohoj se nuk i dua mashtruesit që mbartin për mua emrat e De
Gaulle, Churchill, Stalin dhe Rsvelt, të cilët e rikrijuan këtë gjë
të neveritshme. Dmth Traktati i Versajës i vitit 1919. Dhe unë
do të bëj shumë për ta rigjetur këtë Evropë që më pëlqen dhe që
unë dua ta mbroj. Do ta riktheja rendin. Jo nga forca por nga
rendi dhe parimet e traditave. Unë do ta bëj jetën time pishtarin e
identitetit tim dhe e kalova botën time për të predikuar kulturën.
Doja kaq shumë të flisja për këto vegime dhe akoma më shumë
për vetëdijen e mungesës së kulturës dhe ky burgim ku ne ishim
skllevër, duke parë njerëzit që më pyesnin nëse isha skocez, sepse
unë mbaja kilt, simbol i të gjithë njerëzve Viking, Kelt, Gotik.
Dmth 17.400 fise. Por më e keqja është se këta njerëz nuk e kanë
parë mungesën e kulturës së tyre për të mos e ditur se Skocia

127

kishte numëruar dy fise të mëdha: Pika dhe Skocia. Po, duke marrë në konsideratë vetvendosjen politike, unë arrita të kuptoja shkatërrimin e kulturës sonë nga një maoist i globalizimit, një histori e ngjashme kjo. Po, por që kërkonin që kështu fetë që jetojnë vetëm nën mashtrimin dhe mediokritetin e popullit dhe të pranojnë zyrtarë të caktuar të zgjedhur se cilët do të jenë mbretërit apo magjistarët e rinj përmes titujve të shfrenuar për përbuzje dhe oportunizëm. Unë nuk mund ti pranoj më fjalimet e neveritshme të disa politikanëve të tillë si Holanda që kanë jetuar vetëm midis Robuchon dhe Lipp. Ose Mélenchon shkon-grumbulluesi dhe krenar që të janë më të mirët. Por që kishte një arsyetim të thjeshtë vetëm të bënte të besoje atë cfarë dëshiroje të dëgjoje. Dhe siç do të thoshte Coluche: "kur të mendosh se do të jetë e mjaftueshme që ti të mos blesh më, kështu që nuk do të shesësh më: megjithatë ti e ekzagjeron pak, apo jo ?! "Një humor i vogël për ta kaluar pilulën, do të thoshin kundërshtarët e mi. Nuk kam nevojë për njerëzit që të tregojnë se kush jam unë dhe çfarë mund të bëj dhe çfarë do të bëj në çdo rast, sepse jeta ime ka një fjalëkuptim sot: populli im ose vdekja. Cili ishte ky realitet që na solli në të gjithë botën, nëse drejt e në humnerat e asgjës? Ishte një goditje tronditëse nga racizmi i të gjithë popullit të saj nga të gjitha rajonet e saj të largëta. Ishte zbavitës të shikoje se kinezët e Singaporit për të më trajtuar si amerikanët e pisët duke më hedhur me gojë çantën time të furnizimit. Dhe cili vizion i kësaj vetësie thotë se Afrika e Jugut është edhe më raciste sesa partitë e aparteidit, por aq normale kur njeriu është i ndyrë. Po, të pista dhe të pahijshme dhe si kafshët koncepti i territorit është pushtimi. Të gjitha shkaqet e mëdha njësoj si projektet e mëdha kanë një qëllim që të dëmtojnë shpalosjen e trupave të botës. Po, ekologji. Kjo fjalë që ishte shfaqur si një gjurmë pluhuri në mënyrë që politikat më në fund të kishin diçka për të thënë në pllakat e televizioneve. Sepse unë po ju them, unë nuk dua ta shtrëngojë dorën me këta mashtrues. Unë do të preferoja të kaloj tek ata në vend të një gjëje tjetër. Dhe unë mendoj se është shkurtimisht e kuptueshme. Kështu ekologjia ku raporte nga të dyja anët. Po, por çfarë bën çfarë dhe si? Dhe e ekologjisë, është mirë! Por për të krijuar punë në këtë mënyrë ose si dhe kur? Ose lalalala! I pyeta disa politikanë, e pamundur të krijonin, megjithëse ishte... Por për mua, unë kisha për t'ju përgjigjur pyetjeve të tyre, sepse tashmë kisha gjetur mënyra për të zhvilluar biznesin e ekologjisë. Më kujtohet një ditë kur administrata më kishte dërguar një spiun të fshehur prapa një liste të bukur të titujve të tepërt, që flisnin për peshkimin e dunave dhe raportin e saj të mëshirshëm, ku thuhej se nuk do të lejonte që të mbylleshin, përderisa vazhdonin të kryenin masa për të besuar ose për të pranuar militantët e tyre që kishin paguar një kontribut për asgjë, pa një moment për të gjetur mënyrën e zhvillimit të rafinerisë dhe jo për të kursyer punësim, por për të krijuar disa.

Nine

Populli dhe Tradita

⌒⌒⌒

13 prill 2013

ër mua, populli dhe traditat kishin resonancë të një fuqie të së vërtetës dhe madje ndoshta atë që unë do ta quaja të vërtetën. Në të gjitha rastet, imja. Dhe kjo ishte ajo që mendoja, sepse doja të pranoja dhe ti jepja një shpresë kësaj bote që kishte humbur parimet e të qenit dhe të jetuarit. Të gjitha ato që pashë, ishin qenie të tilla të si zombies të një filmi B, që përsërisnin pa pushim se kjo jetë ishte më e mirë se tjetra. Pastaj doja të bërtisja dhe të lëvizja të gjitha këto valë për të bërë një botë më të mirë. Një botë në të cilën unë mund ta shihja shpresën time si të ishte pasqyra ime dhe jo erën e keqe të këtyre njerëzve nga jashtë që vijnë për të pushtuar tokën time dhe madje për ta djegur atë. Detyra e një shteti, e një kombi të madh si i yni, është të kemi një respekt për kryeqytetin tonë, i cili duhet të jetë relativisht i qartë dhe i thjeshtë. Ne duhet të mbajmë nën kontroll kombin tonë dhe të mos dalim përpara shërbimeve të armikut që mund të kenë ndonjë fytyrë. Keni harruar, pas larjes së trurit që ju bëri, se kjo traditë është simbol i bashkimit të kombit tonë të madh dhe njerëzve tanë. Sepse po, ekziston Brenda nesh një dritë e cila që nga kalimi i kohës është mbrojtur nga Marline, e cila në vetvete gjen fuqinë e saj në frymën e dragoit. Sot, zgjohuni dhe mbani lart origjinën tuaj Vikinge, Kelte, Gotike, në vend të veshjes e këtyre mallrave të prodhuara në vende të huaja, nën markat dhe emrat që ju vendosni në kuti për t'ju dominuar juve. Askush nuk e njeh të vërtetën e Luftës së Dytë Botërore. Dhe ata që e njohin e fshehin atë, sepse kanë frikë prej saj. Po, frika nga kjo e vërtetë që dhemb. Siç ju thashë, një person nuk mund të lëvizë malet nëse të tjerët nuk e ndihmojnë atë. Dhe po, e vërteta e trishtuar është se të gjithë besonin në një mënyrë që mbante nganjëherë ngjyrat e një kampi dhe nganjëherë ato të tjetrës. Por në fund, ishte gjithmonë e njëjta gjë dhe i njëjti sonet: të gjente një tokë që kishte shpikur një të kaluar, një të tashme dhe madje një të ardhme. Por një gjë e neveritshme ishte akoma më e keqe. Njëra do të bënte libra që do të shpiknin histori për t'ju bërë të besonit se një botë kishte ekzistuar, me një qëllim të vetëm që të dominonte. Disa madje, do të mendonin të merrnin përsëri një pushtet ose të riinstalonin vetë, ndërsa koka tashmë iu ishte prerë atyre. Tradita është krenaria e kontinentit tonë, sepse populli ynë ka lindur nga kjo dhe do të vazhdojë të jetojë derisa gjaku të vazhdojë të rrjedhë në venat e familjes sonë. Ajo është e nevojshme për të mbështetur ekonominë dhe të drejtën e kësaj bote që shkon duke i dhënë përsëri secilit fuqi , për të vendosur e për të shkuar deri në fund. Sepse po, zgjidhja është përpara nesh për të shkuar më tej. Le të ngrihemi! Le të mos kemi frikë të mbajmë parulla, të mbajmë ngjyrat tona. Le të jemi krenarë. Ne do të sfidojmë një të pamundur dhe ne do të hedhim në det armiqtë e qytetërimit tonë.

13 prill 2013

Përpara se gazetarët ose njerëzit e tjerë të fillojnë të më korrup-
tojnë, unë do të përpiqem t'u përgjigjem të gjitha pyetjeve të cilat
mund të jenë të mprehta. Po, kur flas për njerëzit, kjo është një
vërejtje për popullin? Apo thjesht në drejtim të tubimit? Dhe në
fund, as njëra e as tjetra. Kur flas për njerëzit, më duhet të them
njerëzit. Sepse, siç e shpjegova, nuk jemi të ndarë, në krahasim
me atë që disa mund të besojnë, por përkundrazi shumëfishohen
duke krijuar fise sipas zonave dhe familjeve. Në të vërtetë, populli
ynë jeton me traditën tonë dhe kjo është e vërtetë dhe e gjallë
midis nesh. Nuk mund të heqim dorë nga arsyet tona. Ata na
kujtojnë çdo herë kur dikush është jashtë vendit, na mungon
tradita jonë. Unë kam qenë në gjendje që ta kuptoj e dalloj
fundamentalizmin nga të gjitha shkaqet e ndërkombëtarëve që
kishin shkaktuar rënien e Rusisë dhe e kishin kthyer Kinën në
ultraliberalizëm. Ajo që kisha vënë re kohët e fundit, ishte se
njerëzit tanë kishin harruar plotësisht ose pothuajse traditat tona
dhe kulturën tonë nëpërmjet librave të shkruar nga armiqtë tanë
për të harruar të gjitha ato që ishin bërë nga ata dhe të tjerët. Po,
sepse ka më shumë fajtorë sesa është menduar. Dhe është shumë
më e lehtë për të gjykuar ata që kanë vdekur dhe që nuk mund
të mbrojnë veten! Dhe kjo nuk ishte aspak provë e demokracisë.
Ata patën këtë dëshirë të zjarrtë për kulturën tone deri në atë pikë
saqë donin të ndalonin folklorin tonë dhe gjuhët tona amtare për
ne. Do të ishte e domosdoshme që sot të binte spote në secilën
pjesë që dëshironte të merrte sfidën për t'ju dhënë fëmijëve të tij
kulturën e këtyre gjyshërve. Është gjithmonë duke u përpjekur
për të kapërcyer, por edhe për të realizuar ndryshimet në traditën
tonë. Por për ju, cilën traditë dëshiron të thotë? Nuk duhet të
veshin vetëm një kapelë apo të mbulohen me një pallto... Por

është gjetja e asaj pikës thelbësore që duhet të ankorohet nga secili prej nesh dhe që ecën përgjatë identitetit tonë kulturor. Sepse është mirë për këtë për të cilën flasim. Ky identitet i njëjtë që na shtyn të ndihmojmë fisin e afërt për t'i dhënë atij mbështetjen e nevojshme për të rritur mundësitë e tij. Në të vërtetë, kapitali na zhyt në një luftë pa fund. Ajo e ushqimit të butë të parave. Dhe sot, ju shikoni! A punoni për çfarë? Për të vërtetuar se çfarë? Çfarë nuk mund të paguani edhe 4 javë pushime të paguara? Pastaj për atë që përdoret kjo lojë, ku në fund ju jeni humbës, madje edhe duke respektuar rregullat... Qëllimi i vetëm i politikanëve është që të merrni pak më shumë çdo ditë, në shpinë, duke marrë parasysh se ata kurrë nuk kanë punuar. Dhe madje ata gati kanë harruar. Më kujtohet ky aktor i njohur në Los Anxhelos, i cili më tregoi se sa e vështirë ishte për të që të menaxhonte pas suksesit, duke kaluar nga 10.000 dollarë apo 1 milion më shumë ... "Të bjerë poshtë" në 10,000. Ai më shpjegoi se si qe mësuar me luksin dhe jetën e lehtë. Po,por këtu. Jeta nuk është e lehtë dhe gjithçka që ju paraqitet është propaganda e pastër në mënyrë që ju të vazhdoni të punoni dhe të blini produktet që ju prodhoni për të pasuruar një, pesë, dhjetë apo edhe 100 vetë. Ata që luajnë parashikim të trefishtë duke fituar në revista të tilla si Forbes të cilat luajnë një lojë qesharake duke i dhënë një renditje atyre që kanë miliarda më shumë se të tjerët. Por unë do të bëj renditje dhe do t'i ndaloj të gjithë këta njerëz. Nëse do të mblidhja pasurinë e këtyre 1000 njerëzve, do të zgjidhja problemin e ekonomisë botërore. Këtu, le të shohim traditën tonë dhe të shohim së bashku se nuk jemi kapitalista dhe as komunista. Ne jemi këta njerëzit, këto fiset më të mëdha të botës që luftonin për një ideal të vetëm, për të bërtitur për lirinë tonë.

17 prill 2013

Detyra në të cilën dëshiroja të zhvilloja programin tim nuk ishte të krijoja një aksion, por të tregoja se kjo ishte e realizueshme. Po! Nuk duhet të shqetësohemi më shumë për atë që do të duhet të bëjmë për të marrë përsëri bazat tona siç bëmë përpara disa fshatarëve të caktuar në disa vende. Edhe nëse ata u tallën nga njerëzit edhe më shumë gënjeshtar se sa vetë kapitalistët. Tradita jonë kërkon të shtyjë njerëzit tanë të vendosin kushte dhe të mos diskutojnë më pse këto probleme na cojnë në humbjen e identitetit tonë. Le të mos i shohim më këta mashtruesa e të mos mashtrohemi nga ata dhe nga askush që kërkon shkatërrimin tonë. Ne asnjëherë nuk kemi ndaluar askënd në vendin tonë dhe gjithmonë i kemi mbrojtur të dobëtit... me kusht që ata të pranojnë se e vërteta është e jona dhe e vetmja e jona. Nëse jo, ne do të jemi të detyruar t'i kthejmë ato në fiset e tyre të cilat dëshironin, në shumicën e rasteve, t'i shkatërronin. Fuqia jonë nuk ka kufijtë e vitit 1919, por ato të perandorisë sonë. Ne drejtuam botën dhe ne shpresojmë ta drejtojmë atë përsëri. Gjumashët nuk duhet të zgjohen sepse kjo do të përhapte një urrejtje pa kthim kundër të gjithë atyre qëmorën frytet e traditës sonë. Ajo që Odin, ati ynë, na dha për të prodhuar atë që quhet fryt dhe jo një tregti pa emër që ka një qëllim të vetëm, pasuri në rritje. Ne jemi kundër pasurimit personal.

Ne mendojmë për fshatin tonë siç është përshkruar në romanet tona - të mbretit Arthur në Asterix. Ne mendojmë para së gjithash për njerëzit tanë dhe jo për veten tonë. Le të jemi krenarë dhe të mbajnë majat e revolucionit të nisur, të cilat askush nuk do të jetë në gjendje të shkatërrojë me forcën e fiseve tona. Le të mos lejojmë që oportunizmi të kalojë në të vërtetën absolute të këtij veprimi. Ne duhet të luftojmë që në fund të bëhemi yje të qytetit tone, në mënyrë që shtyllat tona deri në reglimin e lëvizjes të mos shkatërrohen më nga një e treta. Madhësia jonë qëndron në saktësinë tonë për të ngritur këto ide që karakterizojnë pamjen tonë mjaft të qartë dhe të cilat do t'ju japin përsëri vlerën e punësimit që ju e tirrni mes gishtërinjve tuaj, sepse harruat të jeni aty, të pranishëm dhe të sinqertë para prindërve tuaj. Dhe që ju të mund të luftoni për kauzën që është e jona... Juaja! Vetëm dhe e vetmja, derisa qielli të bjerë në kokat tona. Unë nuk dua të jem krijuesi i një lëvizjeje, por vetëm një nga komponentët e makinës. Dëshiroj që të ndërtojmë bashkë motorin e rilindjes sonë, në sajë të spiritualitetit tonë që krijoi botën dhe zakonet e njerëzve të tjerë, sepse në të kundërt ata do të njohin frikën që nuk e kanë njohur. Prandaj ne jemi njerëzit e luftës, por edhe të punëtorëve të tokës kur është e nevojshme. Mendimi ynë njerëzor mund t'i konceptojë këto të vërteta të cilat nuk kanë ardhur si pasojë e askujt dhe që kanë krijuar traditën tonë. Por shkoj edhe më tej dhe nuk kam frikë ta them këtë! Ata që mendojnë se ne jemi fanatikë, janë të huajt që nuk i zbatojnë ligjet tona. Janë vetë ata që erdhën, jo për të jetuar në lirinë e premtimeve tona, por për të imponuar ligjet e tyre tek ne. Unë e përsëris këtë për ju! Nuk është pyetje! Tani është momenti që ne, luftëtarët e popullit, ta marrim sërish betejën e armatosur nëse vlerësohemi nga këta politikanë që janë në krahun e djathtë ose të majtë të vendeve arabe. Dhe ju do të jeni të kënaqur Zotërinj! Nuk është një pranverë që unë do t'ju jap, por një ndryshim i vërtetë pa kthim prapa. Do të jetë një mjet për të bërë të kuptueshëm për ju, që ne jemi ata të cilët kurrë më nuk do të lejojmë që të tjerët të marrin vendime për ne. E vërteta do të shpërthejë dhe unë do të jem atje për t'ju vënë në një dhomë të bukur, në një shtëpi të bukur, të cilën e quajmë burg dhe që ju do ta quani shtëpinë tuaj.

Ten

Periudha e Parë e Zhvillimit

29 Prill 2013

*E*çfarë mund t'ju them tjetër në këtë vëllim të parë, veçse
të flas për ato që kanë ndodhur 50 vite më parë, dhe të
prezantohem para jush me përulësinë e një njeriu që ka
parë dhe ka vuajtur kaq shumë në jetë. A duhet të përshkruaj
zhvillimin e lëvizjes sonë? Ajo për të cilën shpresoj. Ajo për të
cilën duhet të luftojmë me thellësinë e Qënies sonë. Të mblidhemi
të gjithë për të shpëtuar këtë terren që ati ynë Odin, na besoi.
Unë jam kjo Qënie e ndjeshme që qëndron para jush dhe pret
që të mirëpritet në gjirin tuaj, të burrave dhe grave , që do të
jenë vazhdimi i popullit tonë. Ajo që ndjej sot, pas mbledhjeve
të mëdha të fundit për një referendum, është se miliona njerëz
që jetojnë në Francë dëshirojnë vetëm një gjë, kushte më të mira
jetese. Jo atë që keta politikanë të ulët duan të na bëjnë të besojmë.
Ju nuk jetoni, por mbijetoni. Unë shoh në këta njerëz të de
Gaulle, dekurajim dhe mospëlqim. Sepse në fund te qënies sonë
,shohim se ajo ndjenjë e fshehur pas zemerimit dhe që gjëmon
aq fuqishëm, është indinjata. Por mbi të gjitha kundrejt atyre që

perpiqen kaq shumë për të na bërë të dukemi qesharake, sepse na pëlqejnë gurët tanë dhe legjendën e mbretit Artur. Ne e pëlqejmë marrëdhënien e dashurisë dhe lakuriqësinë që është për ne një mënyrë jetese që nga fillimi i kohërave. A duhet të ndryshojmë dhe të pranojmë zakonet e të tjerëve? Për çfarë? Për të kënaqur të huajt që pështyjnë në traditat tona dhe që ngrihen kundër veprimeve tona, por ndërkohë përfitojnë prej tyre? Lëvizja jonë është e re, sepse sapo është regjistruar. Por jo sepse ne nuk kemi qenë këtu për një kohë të gjatë... Dhe kur them një kohë të gjatë, duhet të them që nga fillmi i kohërave. Disa flasin për gjurmët e Vikingëve që datojnë 17,000 vite më parë. Dhe kohët e fundit, NASA pretendonte se kishte gjetur prova për ekzistencën tonë rreth 35,000 vjet më parë !! Po është e qartë! Ne jemi populli më i lashtë i botës dhe ishim ne ata që krijuan gjuhët, traditat dhe një legjendë të kulturës, sepse ne ishim të parët që mësuam shkrim dhe lexim. Si mund të pretendojmë ta bëjmë popullin tonë një komb të bashkuar nëse nuk kemi një urdhër? Po, ne jemi një ushtri, zjarri dhe uji, i të cilëve janë komandantët tanë. Ne duhet të respektojmë urdhërin dhe ta zbatojmë atë edhe përtej kufijve. Unë nuk kam asgjë kundër të huajve. Ata mund të vijnë, ne gjithmonë I kemi mbrojtur ata prej fiseve të tyre, të cilat shpesh donin t'i vrisnin për thyerje të ligjeve. Por, në asnjë rast, ata nuk mund të kenë bazat tona, dhe as urdhërin tonë. Ligjet e vikingëve janë shumë strikte dhe të pandryshueshme. Ligjet tona nuk janë bërë për tu ndryshuar, por për tu përmirësuar në baze të nevojave tona të përditshme dhe, siç tha mbreti: "vetëm nëse kjo më sjell ndonjë dobi".

1 Maj 2013

Organizata jonë duhet të grumbulloje të gjitha trendet e papër-shtatshme. Duhet të jemi të gëzuar sepse tashmë jemi zgjuar dhe kemi kuptuar se për të arritur objektivin tonë nuk ka drejtim të majtë apo të djathtë. Ka shumë kohë që populli në SHBA e ka kuptuar këtë. Dhe prandaj ndryshimi në premisat e tyre nuk ekziston. Unë dua të jem njeriu që vendos nën kontroll policinë dhe autoritetet ushtarake për të rritur kujdesin kundrejt fermerëve dhe punëtorëve jakëblu. Unë nuk dua të përfaqësoj një popullaritet për faktin e thjeshtë se deshiroj që zërat e rinj ta mundin atë. Ajo që më intereson është që ne, fuqia e Evropës, të zëmë vendin tonë në botë dhe që të reshtim së krijuari problem atje ku nuk ka. Dëshiroj që të krijojmë platforma të vërteta për t'i dhënë zgjidhje problemeve, dhe ku ne do të jemi dominues. Dhe po është e vërtetë, nuk mund të ekzistojë një botë pa dikë që drejton dhe të tjerët që zbatojnë urdhëra. Bota pa vuajtje nuk ekziston. Ne nuk jemi njerëz të ndarë. Kemi politika që krijojnë përçarje për të na shkatërruar, për të na shtypur. Sot, çdo shtresë e shoqërisë ka një nivel intelektual që i mundëson të reagojë dhe të luftojë poshtërimin dhe injorimin që i bëhet. Unë po ju them, interesi ynë është kombi. Ky komb i madh i vikingëve që kanë krijuar këtë Evropë të madhe nga veriu në jug, nga perëndimi në lindje. Ne ishim në fund të botës. Dhe ndërsa ecnim gjatë rrugës, ne dominuam. Pastaj e kuptuam se toka na kujtonte dhe na kërkoi që të ktheheshim për ta mbrojtur atë, për ta mbuluar atë me duart dhe zemrat tona të nxehta. I përdor armët e spiritualitetit për të arritur objektivat e mia. Jo sepse unë jam i detyruar, por sepse është me të vërtetë mënyra ime e përballjes me kundërshtarin që e merr vendosmërinë time si një brutalitet, duke rritur ndjenjën e inferioritetit. I kam bërë vetes një pyetje. A duhet të pranoj poshtërimet e këtyre grupeve të njohura si grupime politike që lavdërojnë veten, për të drejtuar botën tonë pa miratimin e popullit tonë dhe që dorëzohet në heshtje? Edhe nëse bëhet fjalëe për Sarkozin apo Holond ... Por edhe të tjerët nuk janë më të mirë! Nga Spanja në Angli nëpërmjet Gjermanisë. Nganjëherë kaplohem nga frika se si do të shpëtojmë. Jo nga kjo krizë ekonomike, por nga kriza politike. Sepse nevojitet mencuri për tu larguar nga kjo krizë dhe për të krijuar një urdhër. Por jo vetëm në rrugë, jo. Në organizatat e shtetit gjithashtu edhe të shpjerim para drejtësisë të gjithë njerëzit publikë të politikës që kanë kryer veprime jo të ligjshme. Unë e di se politikanët e të gjitha partive nuk do të pushojnë së foluri për t'ju treguar të gjitha "anët e mia të errëta", por unë do të përpiqem maksimalisht për t'ju treguar fytyrën time të vërtetë. Të gjithë do ta shohin.

1 Maj 2013

Rrjetet sociale nuk janë thjesht mjete për të zhvilluar një reagim të vërtetë politik. Ne kemi nevojë për një veprim shumë më të fortë me një strukturë të gjallëruar 24 orë në ditë / 7 ditë në javë. Nëse dëshirojmë të ndërtojmë forcën evropiane politike, është e domosdoshme të kemi mjetet e duhura për të luftuar deri ne fund për urdhërin. Po, sepse vetem në këtë mënyrë do të mund ta bëjmë kombin tonë të madh një forcë të plotëfuqishme dhe shumë të trajnuar për të mos rënë në nihilizëm. Po, besoj në pastrimin e botës vikinge me anë të vlerave dhe traditave tona. Për shkak se grupet e dinë se ne jemi një shpirt, që do të rifitojë sërisht pushtetin që me të drejtë i takon. Organizata jonë politike do të ristrukturojë kohezionin e vendosmërisë sonë për të mos u ndalur me kurrë. Dhe në akumulimin e ekzistencës së dukshme, të vullnetit përvëlues që tregon guximin e identitetit tonë kulturor deri në vdekjen dhe kënaqësinë që gjejmë në Valhala. Arma jonë, është gjaku ynë dhe ai është vullneti për të shkuar deri në fund. Të gjithë vëllezërit tanë dëshirojnë të krijojnë një qeveri e cila do t'i përgjigjet popullit të Evropës. Jam gati të sakrifikoj jetën time për këtë tokë që më ka parë duke qeshur dhe duke qarë, që më ka parë të luaj dhe të rritem. Kjo tokë në të cilën kam hapur venat e mia për të parë drejtimin e gjakut të një familjeje e cila për më shumë se një mijëra vjet ka luftuar nga veriu në jug dhe anëtarët e të cilëes janë konsideruar nga armiqtë e saj si kalorësit më të mëdhenj të Tokave të Shenjta. Të cilët që nga epoka e kalorësisë, nëpërmjet tregimeve të së shkuarës mahnitën popullin e Evropës, dhe arritën të fitojnë besimin e tyre. Dashuria jonë do të rikthejë përsëri paqen, dhe ne do të rifitojmë popullin tonë që ka humbur besimin. Ata do të gjejnë buzëqeshjen me të vërtetën e besimit tonë ,në madhështinë e simboleve të mësimit tonë, edhe nëse republikat e 3, 4 ose 5 duan të na zhdukin duke i dhënë përsëri armiqve tanë fuqinë. Gjaku ynë rrjedh si lumenjtë tanë dhe ne jemi prova e gjallë. Shikoni, nuk ka rezistencë, nuk ka asnjë atje. Nga cfarë keni frikë? Le të krijojmë policinë vikinge, ajo që ka të drejtën për të korrigjuar, për të mbrojtur nderin, gjëra të cilat policia aktuale nuk mund t'i bëjë më, nuk dëshiron t'i bëjë më, sepse detyra e tyre është transformuar nga prokurorët, të cilët sic ua kam thënë edhe më parë , duhet të zgjidhen nga populli me zgjedhje të lira.

Por le të kujtojmë se nga vjen dhe ku mbështetet ky fenomen. Pse të vazhdoni këtë politikë nga jashtë? Ne nuk duam që këta të huaj të kenë kompetenca të paspecifikuara politike. Aq më pak ata që vijnë nga ishuj si Antilet, me të cilat ne humbim para.

28 Maj 2013

Zhvillimi ynë do të bëhet falë institucioneve tona dhe respektit të tyre. Ne do të japim përsëri një ushtri dhe detyra të vërteta, dhe i gjithë populli do të jetojë në paqe dhe begati, me mbështetjen e kombit tonë. Aleanca e organeve administrative do të bëhet nga shefat e policisë politike të cilët do të jenë atje për të shoqëruar njësinë nga qytetarët ,të cilët do të duhet të jetojnë për kombin e madh dhe të mos jetojnë për veten e tyre. Sot, nuk ka më pyetje. Është e domosdoshme ti japim shtetit, simbolin e forcave tona kalorësiake ,nga esenca e traditave tona që na ndihmojnë të ecim para, pavarësisht tradhtisë politike të të gjithë këtyre anëtarëve që tradhëtuan vendin dhe entitetin tonë. Ju duhet të kuptoni se këta njerëz që tradhtuan besimin tuaj dhe entitetin tonë evropian, janë të njëjtët që lejohen të na japin mësime duke shtemberuar fjalët dhe ligjet. Dhe për më tepër, pa miratimin tonë... Ky idioti Holond, nuk është I aftë as të zgjedhë midis dy grave e jo më të drejtojë një parti politike. Ka dy mundësi: ose është një idiot, ose është një gënjeshtar. Por ai nuk është më keq se Sarkozi apo të tjerët. Dhe vë theksin tek famëkeqi Giscard... Përpiqem të shkruaj mbi fragmente të ndryshme politike që duhet të kemi parasysh për të kryer lëvizjen tonë në Evropë. Fryma e doktrinave tona kalon sipas urdhërit dhe mënyrës për ta respektuar atë. Si t'ia bëjmë kur nuk ekziston një lider? Sepse ajo që njerëzit tanë duan, është një lider dhe një disiplinë. Shikoni të gjithë këta të huaj që nuk respektojnë asgjë! Ata që nuk gjejnë përballë tyre të njëjtën forcë që i frikësoi në vendin e tyre. Duhet të bëhemi të kuptueshëm me popujt tanë të cilët kurrë nuk e lanë Europën tonë të shkatërrohet nga të huajt. Nuk është asgjë e re. Në të vërtetë luftërat midis nesh kanë zgjatur për qindra vjet. Problemi është se ne jetuam në një paqe të gënjeshtërt duke lënë të njëjtët njerëz që të kujdesen për interesat tona, dhe sot shohim se ata, njelloj si Sarkozi, nuk kanë bërë asgjë për popullin. Programi ynë mund të paraqitet në 60 pika si gjithë të tjerët dhe të mos arrijë të lexohet dot... Por do të jetë më i thjeshtë se gjithcka që keni parë! Është e domosdoshme që të bëhet lëvizja e sistemit dhe të gjithë ne t'i përgjigjemi një mekanizmi që nisi si një motor i Rolls Royce. Të ndajmë idealin tonë që nuk është as më shumë e as më pak i denjë për të vazhduar të jetojë sipas traditave tona. Le të mos harrojmë se ne gjithmonë kemi qenë njerëz që respektojnë traditat e fiseve të tjera, për aq kohë sa edhe ato respektojnë të tonat. Nëse njeri prej tyre na sulmon, atëherë ne kthehemi në urdherin e Odinit dhe i kërkojmë Thor-it të mbyllë derën me çekiçin e tij. Me fjalë të tjera, ne duhet të anulojmë kontaktin e drejtpërsëdrejti me këdo, ashtu sic bëjnë amerikanët që prej dhjetëra vjetësh. Shembulli më i mirë është Akti Patriotik, i cili përfundoin me një mbyllje të plotë. Ne gjithashtu duhet të votojmë dhe të urdhërojmë menjëherë.

12 Qershor 2013

Po, gjithnjë e më shumë e kuptoj se dy gjërat që na mungojnë në të gjithë Evropën tonë të madhe janë: rendi dhe lideri. Po, njeriu ka nevojë për rend, dhe e shoh se urdhri duhet të instalohet nga maja e magjistraturës deri në fund të shkallës shoqërore. Kjo e fundit, do ta respektojë atë vetëm nëse sheh një lider që drejton dhe merr vendime. Ne duhet që tani të vendosim dhe të urdhërojmë.Nuk duhet të ekzistojë një individ i vetëm që të ndjekë një drejtim, por duhet të jetë një komb i tërë i bashkuar. Ata që nuk duan të luftojnë për kombin nuk kanë asgjë për të bërë në shoqërinë tonë. Për këtë arsye, po jap një raport progresi mbi laicizmin, dhe fakti që të gjitha fetë duhet të zhduken nga shteti dhe cfarëdo përkrahje që u jepet prej tij. Aksioneve të tjera, nuk është çështje për të ndërtuar simbole fetare çfarëdo që të jenë. Ne duhet të ndalojmë çdo shenjë fetare në shoqerine tonë laike. Literatura nuk duhet të përmbajë asnjë element fetar. Unë nuk e ndaloj popullin që të besojnë në absurditetin e tij, por vetëm në privatesi. Unë ndaloj çdo propagandë të feve dhe çdo shenjë fetare duhet të dënohet me burg. Më kujtohet filmi "Vizitorët". Në një moment, konti pyet se çfarë bëri shoqeria jonë me hajdutet. Dhe ngrihet çështja: "nëse hajdutit nuk i pritet dora, ai do të vjedhë perseri". Unë mendoj se të huajt nuk e kuptojnë. Ne nuk e duam kulturën e tyre sepse ne duhet të mbrojmë trashëgiminë tonë, traditat tona. Le të jemi të sinqertë. Një grua luftarake vikinge të djeg me shikimin e saj, ndërsa një grua e varfër e lëkundur nxjerr vetem lot prej syve të saj. Për më tepër, shoh se ata duken të pisët dhe në të vërtetë të tillë janë. Është e qarte se këta njerëz nuk lahen. Dhe janë vikingët ata që kanë shpikur sapunin. Ka kaq shumë gjera për të thënë, për të treguar, për të shkruar dhe për të ndarë !!! Por bota më ka skandalizuar, dhe imagjinoj kushërinjtë e mi në provincën e plotë franceze dhe jetojnë me frikën se muslimanët mund t'i marrin gjërat tona. Po e them edhe një herë, dhe nuk do të pushoj së përsëritur, pse këta njerëz nuk luftojnë kundër tyre? Përgjigja është e lehtë,sepse është e vështirë. Kam takuar pak kohë më parë në Magreb, një grua të jashtëzakonshme. Ajo kishte vuajtur nga tirania e njeriut dhe fesë. Sot ajo shkëlqen dhe askush nuk e detyron të bëjë asgjë që ajo nuk dëshiron. Është kjo grua, simbol i rilindjes së Afrikës. Nëse një ditë Afrika do ta lërë varfërinë, kjo do të jetë falë grave të saj. Përjashtimet nuk duhet të bëhen. Ligji është i njëjtë për të gjithë. Miqtë e mi, angazhohuni - pranë TIC, sepse partia jonë është e vetmja që do të jetë atje nesër. Të gjithë e njohin drejtimin tim dhe nuk kam turp për asgjë. Unë nuk kam ndonjë leksion për të marrë nga askush. Atëherë kush jeni ju, që në vend të vini e të dialogoni me mua, fshiheni pas emrave të rremë në internet? E vërteta është se vetëm njeriu ekziston. Nuk ka Zot. Nuk ka ferr. Ekziston një parajsë dhe është ajo që ne kemi këtu, në tokë.

13 Qershor 2013

Sigurisht, do të më thoni se jam ekstremist. Pse? Sepse unë e them me zë të lartë gjithcka që të tjerët e mendojnë me zë të ulët? Jo, kur unë jam me Barbs në Paris, nuk dua të shoh Marrakech. Dhe jo, unë nuk dua të shoh afrikanë që besojnë se ata kanë një distrikt. Këtu në këtë tokë vikinge, ne besojmë në mendimet e paraardhësve tanë dhe se vetëm natyra është më e fortë se të gjithë. Natyra do të shkatërrojë të pafytyrët ,për të shpëtuar tokën tonë. Ne nuk kemi nevojë për më tepër para. Ne nuk kemi nevojë për ju. Ne u treguam mëse të sjellshëm edhe me ata që nuk e meritonin, sepse ne besojmë në paqen e një bote midis ujit dhe zjarrit. Ne e theksojmë mësimin tonë. Midis këtyre tregimeve, ai i Merlinit, që na udhëhoqi që ta bëjmë Evropën një tokë paqësore. Çeshtja është se lartësia jonë fillestare, është një vendim i rëndësishëm, sepse ne besojmë në tokën mëmë. E njëjta tokë që na jep frytin e këtij ushqimi, që ndricon nën shkëlqimin e perandorisë sonë. Faza jonë e zhvillimit nuk mund të bëhet pa ju, sepse ne të gjithë duhet të jemi të thjeshtë para kombit. Për më tepër, lideri ose ai që do të jetë udhëheqësi , duhet të martohet vetëm me kombin. Politika nuk është lojë dhe dëshiroj që në mënyrën time, të tregoj se mund të fitojmë, duke qenë se ne i dhamë Italisë me Beppe Grillo-n. Duhet të qëndrojmë së bashku, për të luftuar krah për krah. Unë nuk dua të jem negativ dhe të flas për këtë Perandori, e cila u rrëzua edhe pse do të ishte interesante të dihej perse dhe të nxirrej një mësim prej saj. Si mund të flitet për Nikolas

Sarkozi i cili i përket plehrave të historisë? Për mua, ky efekt në Perandorinë tonë të Madhe tregon rënien dhe dobësimin. Tashmë themelet e këtyre republikave janë skandaloze. Ku janë fitoret që të gjithë kanë pritur për më shumë 50 vjet? Pas maji te '68, i cili do të ishte aq i pabesueshëm, aq i shkëlqyer dhe ne fund, shpërblimi është i njëjtë si gjithmonë: asgjë. Kjo është e kundërta e këtij realizmi të pavdekshëm të një revolucioni ekonomik dhe politik. Falë urdhërit, ne do të jemi në gjendje të spastrojmë të gjithë këtë familje mashtruesish dhe për fat të keq, edhe nëse disa janë njerëz të mirë, ata nuk mund të vecohen nga pjesa tjetër.

12 tetor 2013

Është shumë e rëndësishme të kuptojmë sot se ne jemi vetëm mbijetuesit e një bote që po shkon drejt shkatërrimit. Është e papranueshme të shohësh ndonjë të huaj që zotëron një terren ,që nuk na "përket", sepse është përtej pronës tokësore. Jo . Ajo i përket traditave vikinge, Kelte, Gote. Unë do të vë në dukje një pikë të rëndësishme, sepse shpesh vë re që disa e ngatërrojne fisin Vika - Viking me epokën Vikinge. Në të vërtetë, fisi Vika - Viking nuk është as më shumë e as më pak se familja e zgjedhur. Ajo që ka këtë fuqi për të fisnikëruar me shpërblim dhe për të luajtur rolin politik, ligjor dhe ekonomik. Shumë legjenda dhe tregime u shkruan mbi këtë fis të quajtur nganjëherë raca ariane ose njerëz të zgjedhur dhe madje edhe pasardhës të Odinit. Rëndësia nuk qëndron tek legjenda apo tek historia, por tek simboli që kjo familje përfaqëson dhe vazhdon të përfaqësojë sot. Edhe nëse dikush tenton ta privojë atë nga të drejtat e saj,ky mbetet një problem për udhëheqësit politikë dhe ekonomikë të cilët e dinë se vetëm kjo mund t'i largojë atyre pushtetin. Unë jam tatëpjeta. Unë jam mishërimi i fuqisë , une jam vullkani që do të shpërthej dhe do t'ju japë perseri arsye për të qenë të lumtur. Ne duhet të ndryshojmë plotësisht fytyrën e Evropës dhe të shkatërrojmë çdo kryengritje ,për të ndërtuar një toke të virgjër dhe të shëndetshme. Ne nuk mund të bëjmë asnjë kompromis, ne njerëzit më të afrueshëm dhe më tolerant. Ne nuk mund të pranojmë më shumë të huaj që nuk respektojnë rregullat tona dhe shkatërrojnë tokën tonë për të hedhur themelet e tyre. Lufta ka filluar mbarë dhe fillimi i saj daton shumë kohë më parë. Një ditë të vitit 1974, për të qenë i saktë. Ajo u konkretizua më 11 shtator 2001 duke shpallur luftën botërore. Por nëse nuk doni ta shihni ketë, atëherë ju do të zhdukeni në gjakun dhe zjarrin që armiku do të shkaktojë pjesë për të gjeneruar luftën. Politikanët ju gënjejnë. Papunësia mund të rregullohet në më pak se dy javë, si dhe sasia e borxhit mund të kthehet brenda së njëjtës kohë. Taksat mund të merren drejtpërdrejt nga burimi, bazuar në një perfitim personal me 21% dhe 8 % për kompanitë. Unë kam nevojë për forcat ushtarake, policinë dhe dua t'u jap atyre një rol të rëndësishëm, të mbrojnë dhe t'i shërbejnë fiseve të popullit tonë. Është krejtësisht e paimagjinueshme të anullohet një pjesë e ushtrisë. Është e nevojshme që të konfiskohen të gjitha mallrat nga jashtë, të cilët nuk do të kenë deklarata ligjore dhe t'i përdorim ato për të ndërtuar burgje, si dhe qendra paraburgimi, siç mësova në kohën e vizitës sime në Shtetet e Bashkuara. Këto vite në burg më lejuan të kuptoja se kush deshironte të më vriste dhe të më eleminonte, në mënyrë që kurrë më një anetarë me gjak blu i popullit viking të mos mbretëronte në këtë tokë ,e cila mbrohet nga dragoi. Por forca, forca jonë, është përtej asaj që ata mund të kontrollojnë. Unë jam këtu për të filluar gjithcka nga e para. Dua të shoh një ushtri krenare dhe të madhe që gezon nderin e popullit të saj. Dua të shoh një polic që rritet dhe që frymëzon të rinjtë që të jenë pjesë e saj dhe t'ia kushtojnë veten kauzës. Po, ne duhet të luftojmë dhe të jetojmë për kauzën dhe vetëm për këtë. Unë do të preferoja te vdisja sesa të shihja tokën time të përdhosur nga armiku.

12 Tetor 2013

Për rritjen tonë, unë kam nevojë për secilin prej jush, sepse liria jonë varet nga kjo. Njerëzit tanë janë të pasur me vlera , si burrat ashtu edhe gratë. Si gruaja luftëtare ashtu edhe ajo amvise, duhet ta ketë të zotërojë gjithë lirinë e saj, sepse ky është një parim i feseve tona vikinge, kelte dhe gote, që nga shekulli i VIII. Nderi i popullit shihet në këtë ushtri që lufton për lirinë ,dhe ruajtjen e territorit të tij.Kjo është ajo që na bënë ne njerëzit e pakrahasueshëm që kurrë nuk lejojnë të drejtohen nga nje fe e rëndomtë.

Rënia e perandorisë sonë është faji ynë. Ne besuam në mesazhet e tradhtarëve të cilët ishin shitur për para. Është e domosdoshme të ndalemi duke justifikuar vetveten dhe ta pranojmë fajin. Sic ju thashë, ne jemi në luftë! Gjendemi në të njëjtat vështirësi ekonomike dhe politike , si në vitet '30. Ndërkohë, duhet të kujtojmë madhështinë dhe të kaluarën tonë evropiane, e cila duhet të lulëzojë në një perandori, ku secili do të jetë në gjendje të vazhdojë të jetojë sipas kulturës së tij historike, traditave të tij dhe identitetit gjuhësor, të humbur për shkak të atyre mashtruesve që na tradhëtuan. Zgjohuni ! Shikoni gjithë këta të huaj që vijnë për të ngrënë, për të na vjedhur, për të na hequr të drejtat tona. Traditat janë kaq të harruara saqë fëmijët nuk dinë thuajse asgjë për to. Ata mësojnë në shkollë nga tregimet e krijuara nga ata që gjithmonë kanë patur qëllim që të na shtypin dhe të na shkatërrojnë. Unë nuk dua të shoh më ndonjë frikacak para meje në rradhët tona. Ne nuk kemi zgjedhje tjetër vecse ta pranojme të shkuarën dhe ta nisim përsëri nga zero. Është e padiskutueshme përzjerja e politikës me këtë pjesë. Të gjitha partitë janë I të njëjtit gjak, atij të mashtrimit dhe të padrejtësisë. Është e nevojshme të krijohet një milici ,e cila do të ketë një autoritet në përputhje me ushtrinë dhe policinë, për t'i dhënë rrugë një drejtimi që do të krijojë reformat e nevojshme, dhe do të ndryshojnë vendin tonë në pothuajse 2 javë. Po ju kërkoj dy javë për të ndryshuar vendin tonë dhe për të gjetur kurajë, nder dhe fitore. Nuk mund të shërohet një sëmundje, nëse nuk e heqim këtë kancer që pushton trupin dhe nuk lejon qe të dalë përsëri një lëkurë e re. Është e nevojshme që të veprohet dhe të lihet pas, gjithë e kaluara që na tërheq mbrapa. Interneti krijoi grupe mendimesh dhe njerëzish pa emra dhe fytyra që flasin dhe fyejnë vlerat tona, dhe madje na zhysin në baltë duke përdorur, si gjithmonë, imazhe raciste dhe antisemitët që duan të na perfshijne në një luftë prej vitesh. Cfare mesimi nxirret nga ky kolaps? Ju duhet të përpiqeni të rrihni hekurin ndërkohë që është i nxehtë. Por jo, ju keni frikë. Por duhet të dini se frika e vret shpirtin luftarak. Ju nuk keni nevojë për më shumë prova. Është e nevojshme që të hidhemi në sulm , të ngrihemi kundër mashtruesve dhe të vendosemi vetë në tokat tona përgjithmonë. Jo duke i dëbuar, por duke I frikësuar. Sepse ata mendojnë vetëm për fuqinë. Ne duhet të vrasim parazitët që u grumbulluan në tokat tona. Të huajt nuk mund të kenë të njëjtat të drejta si ne ,dhe nuk mund të paguajnë të njëjtat taksa sic i paguajmë ne. Ata nuk mund të marrin ndihma, edhe nëse janë të papunë. Të huajt nuk kanë asnjë të drejtë në Francë ,dhe ne duhet të adoptojmë demokracinë amerikane në lidhje me emigracionin, si dhe ligjet e tyre .

21 Tetor 2013

Sot, askush nga ne nuk duhet ta mohojë kauzën tonë. Ajo që na bën të luftojme për dritën. Ju bej të ditur se do të shtyp cdo kryengritje të brendshme, por edhe provokuese nga jashtë, të cilët nuk e respektojnë kulturën time dhe as autoritetin tim. Askush që rrjedh nga një ligj gjaku të papastër të mos e konsideroj veten një evropian të mirëfilltë.e vërteta është se ne jemi në fund të një rruge pa kthim, dhe zhvillimi i lëvizjes sonë duhet të jetë i qartë dhe të mos krijojë marredhenie me partnerë që nuk plotësojnë nevojat për këtë mbretëri. Krijimi i kesaj mbreterie, do të bëhet me ose pa mua dhe ky libër do të jetë i pavdekshem. Ai do të përfaqësojë udhërrëfyesin letrar të bindjes absolute ,se ne jemi fiset e dikurshme të cilat duhet të vazhdojnë të ekzistojnë. Për të luftuar ate të keqe që fshihet pas shpikjes së njeriut dhe të atributeve të tij: feve dhe profetëve të tyre. Këta profetë, të cilët shpesh ishin të lindur në epshin dhe perversionin, mashtrimin dhe gënjeshtrën, të cilat si profetë kanë vetem emrin. Interpretimi i Luftës së Dytë Botërore dhe struktura e institucioneve të saj, e dënoi zhvillimin e kësaj njësie që përdoret sot nga këto kombe që ta revokojnë atë. Nuk ka Zot. Nuk ka krijues, por një Big Bang që njeriu në çmendurinë dhe delirin e tij, pasqyron në sytë e botës. Bota e përtejme nuk ekziston ,dhe e vërteta duhet të shihet në të kundërtën. Këta njerëz jetojnë në mediokritetin e të menduarit se ekziston një parajsë, ku fëmijët mund të imagjinojnë një botë të mbushur me lodra dhe pa shkolla. Unë po ju them se njeriu është po aq i dobët sa një fëmijë 3 vjeçar dhe duke qenë se gjatë gjithë ekzistencës së tij ai nuk ka kuptuar asgjë, atëherë ai duhet të vdesë sepse nuk përfaqëson asgjë për njerëzimin. Jeta e tij ka pak rendesi. Ai është asgjë dhe nuk duhet të jetojë sepse nuk e meriton jetën. Fetë dhe themeluesit e tyre janë thjesht sipërmarrës, të cilët deshironin të uleshin në dinastinë e tyre dhe t'i bënin njerëzit e varfër pa bindje e fisnikëri. Një fis që do të kishte një qëllim: të vdiste për një krijues të panjohur, të padukshëm dhe abstrakt. Etika e tyre nuk ekziston. Ata janë vetëm mashtruesa vulgarë. Në të njëjtën kohë, unë shohë vetëm lypësa të aftë të vjedhin bukën tonë.

Po, le të mblidhemi së bashku dhe të shkatërrojmë njëherë e mirë këta mashtruesa, këta armiq të realitetit. Le t'i privojmë të drejtat e tyre. Le t'i detyrojmë ata të largohen, le t'i vrasim enderrat e tyre dhe iluzionet absurde se një ditë do të shkojnë në parajsë. Siç thoshte gjyshi im, kurrë nuk duhet të

2 Nëntor 2013

Rezultati i taksave të reja është dëshmi e paaftësisë së të gjitha qeverive që pasuan njëra-tjetrën, dhe fakti që njeriu i pranon të gjitha, pranon të vuajë për të gjithë të huajt që vijnë për të na marrë tokën mbi të cilën nuk kanë asnjë të drejtë. Të paguani për këta politikanë që jetojnë me majat e vilave të tyre luksoze apo të mos keni aftësi për tu mobilizuar dhe për të bëre një ndryshim radikal. Unë do ta përsëris edhe një herë. Nuk është çështje për të dhënë një qindarkë për një fe të rëndomtë. Për të krijuar një identitet fetar, është e domosdoshme të ndalojmë çdo fe në tokën tonë. Kishat dhe katedralet janë pjesë e trashëgimisë kulturore gotike dhe nuk janë një simbol fetar. Katolicizmi përveç të tjerash, përfaqësohet nga Vatikani i cili është mbi të gjitha një shtet laik. Le të mos harrojmë se shtetet papale përfaqësojnë një të tretën e Italisë. Ju dëshironi ndryshim. Por a jeni gati ta bëni? Nuk është më koha për zgjedhje, por për marrjen në dorëzim. Qëllimi është të rivendosim vendin tonë mbi një dorë të hekurt, pa dhembshuri dhe në vullnetin e vetëm për t'i dhënë kombeve tanë frymën që u kemi borxh. A është dëshira juaj për liri aq e madhe sa vullneti për të luftuar krah meje ? Pakënaqësia juaj është vetëm një provë më tepër e shkurajimit të së gjithë shoqërisë. Por ajo që duhet t'ju japë dëshirë për të luftuar, është pakenaqesia juaj dhe zemërimi që ju indinjon. Ne në televizion dëgjojmë vetëm gënjeshtarët e drejtuar nga grupe ,që përfaqësojnë këto komunitete që kanë frikë prej nesh dhe fuqisë sonë, sepse e dinë që kësaj radhe nuk do të fshihemi më dhe nuk do të kemi më frikë nga këto thashetheme të rreme të intriguara prej tyre.

2 Nëntor 2013

Zemërimi i rajonit te Britanisë është një zemërim i të gjitha rajoneve tona. Është e nevojshme të krijojmë ushtrinë tonë që vetëm pret të vijë në pushtet me këtë dëshirë të paduruar për të ndërhyrë. Shtresat intelektuale të kombit drejtohen nga ato grupe që janë kundër nesh. E megjithatë, ne jemi më të shumtë në numër. Por kush na përfaqëson sot? Kush flet për institucionet tona? Me vjen për të vjell kur shoh dokumentarët mbi periferitë e disa vendeve ku vetë policia thotë se ka frikë të shkojë… Une jo vetëm që nuk kam frikë, por do të krijoj një milici për të ristrukturuar. Kemi harruar se kush jemi. Është e nevojshme të marrim frenat e botës. Ne kemi marrë informacione të rreme për luftën e fundit botërore. Natyrisht, jo të gjitha, sepse për të fshehur të vërtetën është e nevojshme të përdoret edhe thelbi i së vërtetës. Ne do të kontrollojmë mediat, madje edhe ata që na kontrollojnë ne sot. Mashtrues të maskuar, të konvertuar nga ndikimi i pushtetit dhe i parave. Kjo më kujton Carlos Menem, i cili u konvertua nga islamizmi në katolicizëm për tu bërë president i Argjentinës. Pra e shikoni qartë se deri ku ata janë të gatshëm të arrijnë për pak pushtet, deri në atë pikë sa të tradhëtojnë kulturën dhe tradiat e tyre. Dhe mirë, jo. Dua të luftoj kundër këtyre mashtruesve që janë vetëm grabitës dhe si të tillë duhet të dënohen. Klasa në pushtet nuk duhet të jetë më në gjendje të veprojë në tokat tona. Ata mbrohen nga një pëlhurë shumë e mirë, e cila përfaqësohet nga policia dhe ushtria. Marrja e pushtetit duhet të jetë radikale dhe të gjithë këta kriminelë duhet të mbahen me burgim për një kohëzgjatje prej më shumë se 25 vjet. Të dënohen të gjithë fëmijët dhe familjet e tyre për komplot kundër kombit, me heqjen e të gjitha mallrave në të gjitha shtetet ku mund të kenë fshehur paratë ose instrumentet e tyre monetare. Këto parime duhet të jenë retroaktive. Një person i cili vodhi shtetin në vitet '50 ,duhet të gjykohet, dënohet, dhe pastaj të dërgohet në burg pa kufizim dhe mëshirë. Drejtësia ekziston për të rënduar të gjithë peshën e ligjit mbi cdo person që ka bërë një shkelje. Pa marrë parasysh se ai mund të jetë një president, një ministër etj. E urrej burrocakërinë dhe megjithatë ne të tillë jemi kthyer. Së fundi, miqtë e mi! Le të ngremë duart tona dhe të tregojmë besimin tonë. Punëtorët nuk kanë zgjedhje tjetër veçse të na ndjekin. Shikoni se si të huajt vijnë në tokat tona për të na pushtuar sikur toka jonë t'u përkiste atyre !! Është momenti që të ngrihemi, të bëjmë një thirrje të fortë dhe të qartë , të ulërasim dëshirën tonë për ndryshim dhe liri. Për të rindërtuar forcën tonë politike dhe ushtarake nuk është më një çështje, por një detyrë për t'i dhënë përsëri ekzistencës sonë një identitet dhe një koncept të njerëzve fitimtarë dhe të rrezikshëm, të cilët shkatërrojnë armatat e kundërshtarëve, dhe japin jetën për tokën e tyre. Ata vijnë për të shtuar pasurinë e tyre, ose për të luftuar kundër nesh sepse duan të na shkatërrojnë pa hezitim.

4 Nëntor 2013

Federata jonë duhet të jetë e armatosur dhe e përgatitur për sulmin e pushtuesve që erdhën me qëllim që të na shkatërronin. Unë e di mirë se çfarë thonë disa njerëz. Por në çdo kohë dhe çdo njeri mund ta dëbojë hakmarrjen dhe dëshirën për shkatërrim. Ndërsa në të kundërt, në ambjentet tona, vullneti do të jetojë për të ndërtuar një botë të bërë prej guri dhe zjarri. Cila është aftësia jonë rezistente? Është e pavlefshme, sepse nuk duam të vuajmë më. Politikanët tanë janë aq larg nga ne saqë nuk janë më të vetëdijshëm për realitetin dhe botën që i rrethon. Dhe pse? Për shkak se ata mendojnë se qëndrojnë më lartë, qenie të denja që kërkojnë të adhurohen nga përshëndetjet e publikut. Vullneti i zjarrtë i bisedës së trashëgimisë sonë të politikës që, në kundërshtim me publikun dhe parimet e tij, është në gjendje të ulë pantallonat por nuk është e denjë për të kontrolluar apo për të egzistuar. Ne duhet të rrisim njerëzit tanë, me ndihmën e institucioneve të tilla si policia dhe xhandarmëria të cilat vetë janë të kërcënuara, në mënyrë që të refuzojnë këtë mënyrë jetese dhe të bëjnë zgjedhjen për të luftuar me dimensionet tona për të mbrojtur familjen e tyre. Kombi ynë federal do të jetojë në sajë të njerëzve që do të lidhin veten. Marrëveshje e gjallë për jetën e një flamuri që duhet të mbillet në të gjithë njerëzit e padëshiruar dhe të lahet në gjakun e tyre, tregonjini të tjerëve se këto baza janë tonat dhe se ne preferojmë të vdesim për këtë dhe jo t'i shohim pushtimet nga ky armik i cili gjithmonë na kishte zili, sepse qe shumë lakmues dhe mendjemadh për të krijuar, megjithëse është me pasuritë e veta. Njerëzit tanë kërkojnë të luftojnë deri sat ë arrijnë fitoren. Ajo që do të shkurtojë të keqen dhe do të shkojë deri në fund, pa kthim, jo dhe që nuk mund të shmanget nga rruga e saj para evakuimit total të çdo qenie që nuk do të kthehet në kushtetutë të shkruar dhe të kryer nga ky udhëzim i njëjtë. Çfarë duam? Të jetojmë, apo jo? Të jetojmë për të ndjekur angazhimin tonë, identitetin tonë kulturor për këtë traditë për të ngrënë derra (ndër të tjera). Jo me ndonjë kulturë të huaj. Po, po ju them, është e nevojshme të ndaloni çdo kulturë të huaj dhe çdo fe që nuk do të jetë rritur në kulturën tonë. Nuk ka asnjë pyetje apo përgjigje. Nuk ka ligje apo diskutime. Nuk është përfundimtare që unë predikoj ekstremisht dhe shumë mirë. Dhe unë po ju them: Jam i lumtur të ha ushqim derrash dhe ushqime të shëndetshme përmes kulturës sime kuzhinore. Unë dua të pi dhe të këndoj, sepse kështu është populli im. Njerëzit e fuqishëm dhe luftëtarëve të guximshëm që më dhanë bazën e paraardhësve të tyre. Sa kohë, gjatë këtyre njëqind viteve, u përpoqën të na kolonizonin? Dhe sa kohë para se të zhdukej? Ne e hodhëm atë përtej deteve, duke e lënë të vdekur, por, me keqardhje, i lamë vetëm gratë dhe fëmijët. Ne kurrë nuk do të kishim pasur nëse paraardhësit tanë nuk do të kishin bërë. Dhe ata nuk do ta bëjnë këtë. Ata janë gati të vrasin vëllain e tyre, djalin e tyre. Pastaj imagjinoni…Ju nuk jeni asgjë tjetër përvecse për krimbat e mjerë, të mjerë për këta të huaj që nuk duan të punojnë apo për të bërë asgjë përveçse për të marrë vendin tonë duke qeshur nën hundë.

8 Nëntor 2013

Lirimi i kombit tonë apo federatës sonë, ta quajmë atë si ju dëshironi, do të duhet të jetë ideja e masmedias që mban bindjet tona të larta dhe të forta për të zhdukur përgjithmonë bazat tona të mashtruesve dhe të huajt të cilët nuk e respektojnë rendin. Ne do të kemi siguri refraktore për faktin se ne kemi liri të mendojmë, duke thënë se demokracia e bindur nga një populizëm social i cili do të kishte krijuar vetëm një degradim të shtetit në të edhe për një shovinizëm me ndonjë provë. Çfarë duhet të themi për këta pseudo gazetarë të cilët zotërojnë vetëm hartën e shtypit dhe sigurohen nën luks, që të guxojnë të flasin për lirinë dhe vizionin shoqëror? E majta ishte gjithmonë ideja që njerëzit e klasës së mesme të gjendeshin dhe të gjenin një pohim kundër babait- ose duhet të them një paternalizëm- sepse disa mund të merrnin me letër deklaratën time. Demokracia jonë, nëse egziston, fillon me transparencën e llogarive, por si një ushtri të ngjitur dhe të lidhur dhe gjithë respekt siç i detyrohet atij. Në të vërtetë, njeriu bëhet ushtar me bindje për të luftuar dhe për të vdekur në këtë mur i cili është një bregë e lirisë dhe për të mbrojtur kostot që koncepti i shoqërisë bashkëkohore kushton duke refuzuar çdo fanatizëm fetar apo politik.

Sot, si dje, a nuk ka Juda ndonjë prej nesh? Kush është Cahuzac ose Sarkozi, a nuk janë të gjithë mashtrues të gatshëm për t'ju kositur për 10 qindarka?

Truri nuk është i mjaftueshëm dhe grushtet do të jenë të nevojshme për të shtypur jo-besimtarët sic vepronin politikanët më parë. Është e domosdoshme të vazhdojmë në këto asamble të burrave dhe grave që ndjehen të paprekshëm dhe t'i gjykojnë ata si ata vetë ata e gjykojnë botën dhe gjithçka që shkon përreth. Unë jam këtu për të ardhur në pushtet dhe jo për ta kërkuar atë për të kundërshtuar këta të varfër që na kontrollojnë dhe të cilët lënë nën drejtimin e tyre kompanitë e naftës në det të hapur. Unë jam për zhvillimin e kombit. Vetëm interesimi i federatës sonë është i rëndësishëm dhe ju duhet të jetoni për këtë liri që shkon në venat tona dhe jo për interesin tuaj personal.

Ju duhet ta harroni interesin dhe të mendoni vetëm për kombin dhe çfarë mund të bëni për të. Mbani me vete dhe këndoni me tingujt e armës për këtë Viking standard i cili, me frymën e dragoit, të mbrojtur, luftoi kundër armiqve të fushave të paraardhësve tanë deri më sot. Nuk ka më kohë për të mbledhur, por për të hequr privilegjet dhe për të shkatërruar përgjithmonë sistemin që na drejton. Unë jam në gjendje të jetoj vetëm për bazat e mia dhe jam gati të bëj çdo sakrificë. Populli nuk mund t'u japë intelektualëve ngarkesën e kombit as të ushtrisë dhe të mbrojtjes së tij. Sidoqoftë, nuk duhet mbrojtur, por sulmuar! Po për të sulmuar armiqtë. Do të vijë një ditë kur djali i dragoit do të marrë armët dhe do t'i mbajë armiqtë deri në fund si mijëra vite më parë. Unë nuk po ju them se unë nuk dua të shoh gratë të mbuluara. Jemi shumë përtej këtyre mosmarrëveshjeve. Unë nuk dua të shoh më ndonjë të huaj në shtëpi për momentin. Koha që bazat tona të gjejnë pjellorinë e tyre dhe, nëse është e nevojshme, të marrin disa prej tyre ato. Atëherë do të jetë në kushtet tona. Çdo person që do të shkelë ligjet tona do të ekzekutohet për të treguar vendosmërinë tonë që të mos kthehemi më kurrë prapa. Sot, unë nuk festoj 100 vitet e një lufte, por kujtimi i këtyre mashtruesve që dëshironin që ne të shkatërronim veten tonë, njerëzit Gotikë, Vikingët e Keltët, për të na larguar nga ne dhe kjo me një qëllim të vetëm për të eliminuar garat tona dhe fiset tona. Por kjo nuk është e mundur sepse ne jemi njerëzit e zgjedhur. Ajo që u tregua në ndriçimin që krijoi fillimin dhe fundin e çdo gjëje. Nëse ne duhet të rifitojmë lirinë tonë brenda bazave tona, duhet të fitojmë. Por edhe jashtë për të treguar se në cilën pikë janë dhe për të treguar edhe një herë, ose duhet të them për herë të fundit, që ne jemi elita e kombeve dhe pa ne, asgjë nuk mund të realizohet. Si gjithmonë, ne jemi të vetmit që kemi mundësinë të thyejmë ata persianë dhe t'i bëjmë ata të fshihen nën fjalën tonë. Sepse për të bërë një gjë të tillë, duhet të hiqni dorë nga efekti i Eskalibur. Unë jam udhëheqësi i kërkuar për ti ribashkuar fiset tona e për të rimarrë baza tona hap pas hapi dhe për të djegur armikun që të kurrë më të mos mendojë më se kjo mund të realizohet një ditë. Po! Sot është festa e mëkatit më të madh që bota njohu. Ky traktat i famshëm i Versajës, i cili na kthehu në skllevër brenda klaneve tona. Jo! Nuk vihet në pikëpyetje që unë t'i nënshtrohem një të huaji dhe nuk më duhet t'ju jap emrat sepseju i njihni ata. Ushtria e armiqve tanë është e gatshme të përdorë çdo pretekst për të na shkatërruar dhe lufta do të jetë e egër. Mos prisni që unë t'ju jap medalje. Por në qoftë se ju mbani brezin e krahut të TIC, atëherë do ta dinë se për cilin kamp luftoni dhe se kush jeni, jo të huaj. Ata të cilët nuk do e mbështesin këtë ushtri –do të jenë ose mashtruesit ose të huajt. Ne do ti njohim ata, sepse ata do të parashtrojnë ide për drejtësi sociale ose për politikat e komunitetit, ndërkohë që ata janë ose mashtruesit ose njerëzit që nuk janë në gjendje të protestojnë për të drejtën e gjakut. Do të anuloj ligjet e tokës së dyti ose do të zgjidhem. Unë gjithashtu do të anuloj drejt për të huajt. Ne nuk mund të paguajmë të njëjtat taksa, të kemi të njëjtat të drejta, sepse ne mbrojmë bazat tona derisa të arrijmë më lart. Tani duhet të hartojmë luftën tonë, armët dhe grushtat dhe të krijojmë në çdo rreth, në çdo qytet, në çdo kanton një ushtri që do të drejtohet nga protokolli i TIC dhe që do t'i bindet vetëm shefave të zgjedhur nga këshilli i publikut. Puna jonë shkon drejtpërdrejt në rritjen ekonomike të këtyre teknologjive të politikës që luftojnë pjesët e tortës në shpresat tuaja kolektive. E njëjta gjë për artin dhe kulturën, ku të gjithë ata që përzgjidhen janë miq të miqve të këtyre grupeve ose komuniteteve nga jashtë, të cilët përdorin burimet tona dhe sistemin tonë që nga viti 1919 për qëllimet e tyre personale. Unë, shumë kohë më parë, kisha luftuar kundër këtyre degjenerimeve duke i shkatërruar këto fabrika të huaja. Por, duke pasur parasysh këtë, nuk është e mjaftueshme, unë do të djeg dikë për tu treguar atyre artin, një grumbull refuzimesh që po në të njëjtat përfundime të mia janë të parashikimeve më të mira nëse ka krahasim të mundshëm. Unë do të ndaloj të gjitha simbolet e adhurimit, përveç atyre të traditave tona druidike. Unë do të jap sërish po me këtë autoritet të vërtetë që kërkohet të jetë. Nuk ka të ardhme për perandorinë tonë. Prandaj të gjithë duan të na shkatërrojnë. Sepse nëse marrim përsëri fuqinë, atëherë pasuria do të jetë vetëm në mjediset tona dhe ata e dinë këtë. Ne nuk do të ndajmë asgjë me askënd, thjeshtë kthimin e gjërave tona, siç do të thoshte dikush tjetër. Çfarë?!? A do të të më duhet të justifikohem përpara disa idiotave ndërkohë që jam në shtëpi? Dhe unë jam në të drejtën e jetës ose të vdekjes në ndonjë qenie që nuk do t'i bindej ligjit të kalorësisë. Unë nuk kam ndonjë arsye për të justifikuar veten para ndonjë gjykate. Dhe në qoftë se ata e besonin këtë duke u përpjekur të më fusnin në burg në Shtetet e Bashkuara, në të vërtetë u talla me ta për t'i bërë ata të besonin atë cfarë donin të dëgjonin. Sepse ata janë kaq krenarë për veten saqë ata harrojnë se në periudhën e luftës asgjë nuk është e pamundur dhe sidomos të mos qeshë me mediokritetin e tyre. Askush nuk e ka mbrojtur kurrë popullin tonë. Jo, askush. Që prej dhjetëra vitesh më parë një erë frynte nga traditat tona me gajdet, kiltet, vallet tona, etj, të cilat ruanin këtë krenari që na bën që ne të jetojmë në një frymën e vetme të largimit të legjioneve tona për sulmin përfundimtar. Unë nuk dua as fuqi, as paratë. Sepse e gjithë kjo nuk është gjë tjetër veç respektit të popullit tim për veprimet e mia dhe shikimin e klaneve të mia për nderin, guximin dhe gjakun e kaltër që më ngriu dhe shkon në venat e mia. Sipërmarrësit bëjnë premtime, por sot nuk u duhen më shumë ato dhe ne mund t'i drejtojmë industritë tona pa këta punëdhënës që kanë rrjedhur që prej shumë kohësh. Sidoqoftë, është e rëndësishme të dihet se çdo pronar që do të zyrtarizojë llogaritë e tij nuk do të vazhdojë. Për të tjerët ata do të duhet t'u përgjigjen krimeve të tyre kundër shtetit, si familja e tyre. Ata do të paraqiten si kriminela kundër shtetit dhe komplotit kriminal për pasurimin e tyre personal. Kjo do të ketë si një përgjigje 100 vjeçare të një gjykimi të burgut. Ne duhet ta bëjmë për atdheun tonë. Atdheu nuk na detyron asgjë. Ne jetojmë dhe përdorim të gjitha mjetet e kombit tonë dhe ne duhet ta njohim meritën dhe dashurinë për atë që i detyrohemi. Këto politika jetojnë me faktin se ju keni marrë vetëm një edukim mesatar dhe veçanërisht atë të ushqimit të butë të krijuar nga konsumimi. Ne duhet që secili dhe të gjithë të krijojmë një përqendrim përpjekjesh për kombin dhe të na rrahin zemrat për këtë. Nëse jo, nuk keni asgjë për të bërë në objektet tuaja dhe duhet të largoheni sa më shpejt që të jetë e mundur pa ndonjë gjë, sepse na keni vjedhur më parë nëse nuk është kështu, atëherë ne do t'ju burgosim deri në fundin tuaj. Kjo kërkesë shkon përtej shpëtimit deri atje ku ajo kërkon të mbrojë veten e saj. Ne jemi në luftë dhe ne duhet të luftojmë. Përgatituni dhe përshtatni armaturat tuaja dhe luftoni me të gjitha dëshmitë e paraardhësve tuaj. Nuk do të ketë përjashtim, nuk ka mundësi për rikthim. Nuk jam unë që e dëshiroj, është e ardhmja e ekzistencës sonë. Që unë të jem atje apo jo, nuk ka asnjë mundësi për t'u ngritur kundër fatit të njerëzve që janë atje që nga fillimi dhe do të jenë deri në fund me hirin e Odinit.

14 Nëntor 2013

Ne duhet të jemi kombi që bota kërkon, sepse ne kemi sigurinë më të madhe dhe taksat më interesante. Sa i përket tatimit, politika e klasës së mesme është më e keqja dhe është një fatkeqësi për njerëzimin që ta shohë këtë kohezion të pushtetit në këtë fund të pafund e pa fund. Taksat duhet të merren me burim çdo muaj për secilin punonjës apo grup. Kjo taksë duhet të jetë më pak se 27%. Në fund të vitit, ju do të dërgoni një kartelë në institucionin tatimor i cili do t'ju kthejë TVSH që ju do të keni shpenzuar duke e hequr atë nga tatimi juaj i drejtpërdrejtë. TVSH duhet të jetë maksimumi 8.5% dhe taksat e korporatës duhet të jenë 8.5%. E gjithë kjo brenda kuadrit të njerëzve që kurrë nuk donin të vidhnin institucionet, por ato që do të kishin nëpër ekranet e kompanive dëshiruan të ngrinin një komplot kundër shtetit. Ata do të shohin ndalimin dhe burgosjen. Të gjitha mallrat do të konfiskohen pa asnjë mundësi për marrëveshje të paspecifikuar. Njerëzit tanë nuk mund ta gjejnë veten sot të detyruar të ndajnë me armikun, me të huajin. Çdo i huaj duhet të konsiderohet si i tillë dhe nuk do të jetë në gjendje të marrë të njëjtat të drejta. Është e qartë se kjo shaka duhet të ndalet dhe se çdo person që ka marrë shtetësinë e një prej territoreve evropiane do e shohin konfiskimin dhe duke u bërë, nëse është e nevojshme, një vizë të huaj. E drejta e tokës nuk ekziston. Ne pranojmë vetëm të drejtën e gjakut dhe të gjitha përpjekjet për të na bërë ndryshime vijnë drejtpërdrejtë nga të huajt, dhe nga rrëfimet e panjohura fetare që jetojnë në luks dhe epsh.

Çështja e rindërtimit politik mund të bëhet vetëm në rendin e sistemit demokratik. Dhe cila quhet garanci nëse nuk quhet Amerika apo ajo që quhet Shtetet e Bashkuara për të mirën e themeluar të federatës? Po, është më së fundi e nevojshme të aplikohet sistemi i pas luftës, i cili u krijua nga plani Marshall. Plani i rindërtimit gati për t'u ripërcaktuar. Sepse me të vërtetë, udhëheqësit e kohës në Evropën Perëndimore, të tillë si de Gaulle, zhvilluan pretekstin e fundit për të treguar rreziqet e komunizmit që ishin në atë kohë armiku numër një i Evropës Perëndimore dhe gjithçka që quhej NATO. Përveç kësaj, e gjitha kjo më bën të qesh aq shumë! Sepse sot, të gjithë këta njerëz që shkojnë në targat e TVS kanë qëndruar gjatë luftës pas terroristëve më të rrezikshëm. Dhe sipas ritmit të tyre shoqëror, të majtët janë ekstremistë të gatshëm për shkatërrimin e mallrave të themeluara të Evropës, të cilat ata i donin të qarta, por që në atë kohë ishin në kthetrat e një armiku të përbashkët: Stalini. Po, ka edhe nga këta komunistë të cilët dhe Front de Gauche nuk dëshirojnë të zgjohen pavarësisht se më shumë se 85 milion vdiqën nga kampet e përqendrimit të krijuara nga KGB dhe jo nga Gjermania. Këto veprime funksiononin me një ide të plotë, për shkak të ideologjisë tjetër politike, që bolçevismi stalinist do të rrezatonte për të mirën e njerëzve dhe liderëve të tyre. Stalini. Armiku i amerikanëve. Armiku i popullit. Ai që u quajt babai i vogël. E rrezikshme, jep, të paqëndrueshme, të sëmurë mendërisht... Por si mund t'i harrojmë këto elemente të cilat e bënë këtë një largim të plotë të së drejtës dhe koncepteve? Jo nga republika, por nga politikat që kontrolluan Europën gjatë qindra viteve. Po dhe i njëjti Stalin lejoi de Gaulle të krijonte një sistem ku plani Marshall nuk mund të ngrihej. Sepse frika amerikane bëri të mundur që këta liderë të rinj evropianë të kenë një pushtet nëse asambleja dhe senati nuk do të përmbushnin kërkesat e presidentit apo të kryeministrit. Po, politika e pas luftës jetoi në mes të kolaboracionistëve dhe komunistëve të terrorizmit, të cilët ishin të fshehur për shkak të rezistencës. Pra, e lehtë të bërtasësh për hak, kur mund të shohësh dhe të flasësh nën një liri që ushtria jonë mbron!

Ajo do të ishte e nevojshme që të mos ketë më shumë vlerën e vlerave të shteteve tona. Për të qenë të gatshëm të zgjerojmë kapacitetin e kohezionit të popullit tonë për të krijuar një rezistencë, na jep shumë për të paracaktuar vullnetin tonë, besimin për të qenë fitimtarë. Ne nuk mund ti pranojmë më idiotësitë e dokumentarëve që na tregojnë qytetet e paprekshme dhe një të huaj duke thënë se do të bëj ligjin. Është koha për të bërë vakum dhe për të sterilizuar cdo person që nuk kthehet në radhë, që është një grabitës apo gazetar. Unë do të marrë përsëri fuqinë e një dore të hekurt dhe unë nuk do të bëj asnjë negociatë të komprometuar. Ata do të shohin më në fund se unë nuk po bëja shaka. Ushtritë që do t'i kushtojnë besnikëri kombit do të urdhërohen për të mirën edhe për kombin tonë. Ne do të pranojmë më shumë çdo mosmarrëveshje por asnjë gënjeshtër. Ne do të dërgojmë në burg të gjithë këta njerëz që nuk janë gjaku ynë dhe vullneti ynë do të anullojë të gjitha të drejtat siç bëri Stalini para nesh. Dhe të majtët do të jenë të lumtur të shohin që unë do të marrë përsëri fjalë për fjalë urdhërat e kësaj politike komuniste e cila ishte e vlefshme për të qenë shteti në fuqinë e tij. Ne nuk do ta konsolidojmë kombin tonë me armë. Asnjëherë me njerëz që kanë ndjenjën dhe që duan më shumë se një gjendje kashte, por me një madhësi që u jep atyre mishin e mishit, kur dëgjojnë himnin e fituesve. Unë jam këtu për të arritur në fitore dhe do të jem në gjendje të vdes në paqe kur e gjithë kjo poshtërsi të jetë jashtë tokës sime. Unë nuk kam turp dhe nuk kam frikë të them atë që njerëzit e mi mendojnë, se nuk duan të shohin më shumë këtë shportë të mbeturinave dhe jam gati të përballoj të gjitha sulmet. Ky libër nuk është i pëlqyeshëm, por unë shpjegon politikën time. Unë nuk do të ndryshojë. Dhe për t'i dhënë këmbë popullit tonë, ne duhet të evakuojmë të gjitha refuzimet që janë këtu që prej pak kohësh. Sot, populli ynë është gati të luftojë deri në fitore dhe ne do të fitojmë. Sepse ju jeni frikacakët, të cilët në asnjë rast nuk patën as edukimin e as kulturën. Ju nuk jeni përdorur për asgjë. Ju nuk jeni asgjë dhe ekzistenca juaj nuk ka asnjë dobi për kompanitë tona. Prindërit dhe gjyshërit tuaj treguan të njëjtën frikë. Ata erdhën për të punuar, pa luftuar, për të kuptuar se ku ishte lufta e popullit të tyre. Të largohesh nga yt është të heqësh dorë nga e mira themelore për të krijuar pasuri dhe, natyrisht, të jetosh dhe të vdesësh për të qenë veprimi.

Ende është e nevojshme që të kemi frymën filozofike. Unë nuk dua të dëgjoj më nga policia apo ushtria: "nuk është e mundur", por "PO SHEF!" Dhe për të dhënë nivelin e kësaj nomenklature. Kush do të ndjekë zellin e shpirtit tim pa kërkuar ndonjë gjë tjetër përvecse për të jetuar nën drejtimin e besimit tim? Lëvizja ime ndoshta është e re në titull, por ka një ekzistencë që prej një kohe të gjatë dhe do të japë përsëri me kombet tona punën dhe prosperitetin siç duhet.

15 Nëntor 2013

Dje Komunizmi mori pa koncesion bazat e zgjedhjes për zgjedhjen e partisë. Sot, është socializmi që mori bazat tuaja nga taksat për ju. Ne nuk mund të pranojmë një kompani të drejtuar nga të varfërit që nuk i njohin kulturat tona dhe që mendojnë të jenë në gjendje të na shkatërrojnë nën të mirën e themeluar me interesin e tyre. Gjithsesi, gjithsesi, gjithsesi, ne jemi larg nga njerëzit që kanë ardhur në ambientet tona. Pra një marrëzi, kurse është e drejta jonë të zgjohemi dhe të mos pranojmë më këto gënjeshtra të krijuara nga çdo pjesë që na kontrollon. Ushtarët nuk kanë më ndonjë përkufizim në kombin tonë të madh dhe ata as nuk e dinë se roli i tyre është shumë i rëndësishëm. Ne kaluam midis luftës dhe pasionit, dhe ne jemi akoma të thjeshtë në të njëjtën kulturë dhe vijmë nga e njëjta qendër për të njëjtin fat. Sot duhet të na ngrisin dhe të na imponojnë. Askush nuk na frikëson. Më në fund duhet të lirojmë nga këta banues të cilët, si më parë, na shtypën dhe na detyruan të zbatonim kulturën e tyre. Është e papranueshme për ta autorizuar ose për ta lejuar këtë. Ne nuk jemi simbol i një lirie utopike, por vetëm benzina e njerëzve që luftuan dhe vdiqën për idetë e pranuara përgjithësisht të dëshmisë së tyre të fundit. Demokracia për të cilën ju flisni nuk ekziston. Nuk ka fjalë për ta përshkruar atë njësoj sic është e pamundur të imagjinohet për një fëmijë. E megjithatë, kjo është ajo që ju paraqitni. Me çdo mënyrë që mund të shpreh veten, ju më fyeni me fyerje. Sepse po, nuk i tregoni fytyrat tuaja dhe vetëm fyerja e tyre vijnë nga pseudonimet e të cilave nuk dinë asgjë. Ne që nga traktati i Versajës jemi të detyruar të Justifikohemi para dikujt prej tokës së një nulliteti që nuk dëshiron askënd për popullin tonë, por në të vërtetë kërkon rëndshëm vdekjen tonë. Feja nuk mund të ekzistojë në kompaninë tonë, sepse është thjesht personale. Por është e nevojshme për të mos e vënë në pikëpyetje shekullin 21, varfëria e një qytetërimi tregon se clët janë ata që vazhdojnë të besojnë në një botë që nuk ekziston. Sepse nuk ka zot të parajsës. Përveç jetës që është këtu nuk ka jetë tjetër. Ata janë me të vërtetë huliganët që kërkojnë të kalojnë prej murgjve e që janë mashtruesit më të mëdhenj të kësaj kompanie. Prandaj, ne duhet t'i riciklojmë territoret tona dhe të sterilizojmë çdo person që do të jetë kundër. Sepse pas kësaj një njeri mund të fsheh një ide për të shkatërruar kombin tonë. Çdo person duke qenë i vetëdijshëm për atë që unë sjell si mesazh, do të japë një llogari në vetvete që unë jam atje për të zgjuar këta shpirtra entuziastë të lirisë. Kjo ka bërë edhe që njerëzit tanë të na zbulojnë dhe të largohemi nga rrëketë ku kemi qenë gjithë këto kohë.

4 dhjetor 2013

Është e domosdoshme të shkatërrosh politikat e paragjykimeve në emër të qytetarit. Po, ne duhet ti sterilizojmë këta parazitë që përhapen. Është e mjaftueshme që të vini në Paris për ta parë këtë tmerr përpara nesh... Por jo vetëm në Paris, natyrisht. Çfarë po ndodh sot në Paris, nëse nuk është reflektimi i botës?

Kapitali i sulmuar nga të huajt sikur të ishte një varkë me avull që besojnë shumë të lejuar dhe që nuk pajtohen me ndonjë rregull. Të parashtrojmë në pyetje. Pse të huajt vijnë në ambientet tona, natyrisht, vet përgjigjemi: në përgjigjet ne kemi të famshmit natyrisht, ata që predikojnë liri e cila si pluhur vihet në salcat e të gjitha partive dhe në të gjitha diskutimet. Por vendi ynë është veçanërisht vendi i të drejtave të njeriut dhe qytetarit. Por kjo është ajo që dëshiroj të them nëse jo atëherë kjo do ta bënte Robespierin heroin tonë kombëtar për të parë idenë dhe konceptin e tij përveç afërsisë së tij me Lénine. Po. Të drejtat e njeriut nuk janë një banderolë vulgare, një publicitet i tillë që do të lavdërojë të drejtat e një pastruesi që duhet të ketë enzima, por me të vërtetë të drejta që pranojnë të drejtat qytetarët dhe qytetarët e mirë. Në fakt, mbreti nuk është i vetmi që lufton për të drejtat, por secili qytetar duhet të zbatojë ligjet. Le të imagjinojmë për shembull një makinë që kalon në dritën e kuqe. Dhe e drejta juaj është që të bëni një fotografi të këtij personi dhe ta dërgojnë atë në faqen e internetit të denoncimit për përdhunimin e ligjit. Dhe po them përdhunim, sepse i tillë është. Por nuk është vetëm kjo dhe unë nuk dua të minimizoj të drejtat dhe punën e secilit. Të drejtat civile janë ato që punojnë për të mirën e kombit dhe jo për një komb tjetër. Në të vërtetë nëse vendosni të jetoni në Francë për shembull atëherë duhet ta harroni vendin tuaj të origjinës. Nëse jo, pse jeni këtu? Dhe në këtë rast luftoni në territorin tuaj gjë që do të jetë shumë më e ndershme sesa qëndrimi juaj. Kujdes, gënjeshtra është e ndaluar në ambientet tona. Ndalojeni marrjen e flamurit të të drejtave për të drejtat tuaja personale. Po, nuk keni të drejta. Por ju keni vetëm detyra. E para: të respektojmë rendin. Është e nevojshme të mos themi ndonjë gjë në veçanti në lidhje me çështjen frenge: të jesh Francez do të luftosh për francezët. Po, duke qenë në

Francë kjo ju bën një frank. Por çfarë është një frank? Dhe jo, nuk është një monedhë zvicerane, por njerëzit e njohur si arianë, që përbëhen nga fiset, klanet dhe familjet. Dmth një hierarki e tërë e përcaktuar mirë. Siç e shihni, ndershmëria nuk është e afërt me të gjithë. Për të qenë francez, kjo e drejtë për të mbajtur kurorat e paraardhësve tanë dhe jo me një copë letre vulgare të dhënë nga kolaboracionistët të cilët kanë për të pushuar vetëm për të përgënjeshtruar kompaninë tonë për ta marrë atë aeroplan të shpejtë dhe në fund për ta zotëruar atë. Unë do t'i referohem në mënyrë që të ketë ndodhur në Krakov dhe te ky mbret i admirueshëm, Casimir i Madh, i cili donte të ishte i hapur për njerëzit e huaj që do të vinin në kryeqytetin e tij për të ndarë lumturinë sipas ligjeve që ai kishte zhvilluar gjatë 7 shekujve. Shumica e këtyre të huajve e plaçkitën për interesin e tyre personal. Po të jesh Frank do të thotë të jesh Francez, Gjerman, Italianë, Spanjollë, Hungarianë, etj. Një tjetër përkufizim i fjalës Frank, i nxjerr nga disa enciklopedi: "Sinqerisht (Latinisht enfrancus) njeriu i lirë do të tregojë, por është vetëm me një ndryshim në kuptimin e pasmë, një mbiemër i tërhequr nga emri i duhur. Radikal është njeriu i vjetër norroisfrakka, i cili do të mendonte se liga franke do të kishte tërhequr emrin e saj nga një armë totemike. Forma e vjetër norroisfrekkr njeri " guximtar, trim, i spikatur, i patrembur ".

Njerëzit e sinqertë janë përpara një populli të tërë të luftë-tarëve që e zgjodhën dhe e vendosën veten lirisht për ushtrinë ushtarake, nën drejtimin e autorizuar nga njëri-tjetri, i emëruar nga priftërinjtë e thirrur, i quajtur rex francorum, "mbreti i Francezëve", që ushtronin autoritetin e tyre në guximin e tyre), ose "kantoni administrativ i pagës". Unë tani do të jem shumë më i shtrirë dhe e di se si pseudo gazetarët të fshehur në vendin e tyre të butë do të kenë ose diçka për të përsëritur ose për të më kritikuar nga frika se do të shohin veten duke mos komunikuar më me territoret tona përgjithmonë. Për këtë, unë do të marr metaforën e një spitali për të folur për sterilizimin e kësaj dhe duhet ta aplikoj atë në kombin tonë. Po është e nevojshme që ne të sterilizohemi, sepse është e pamundur të nisemi përsëri në baza të cilat janë shkelur nga parazitët. Le të imagjinojmë një plitikanë që nuk di asgjë por që vjen e thotë se ju mund ta bëni këtë, të niseni përsëri. Ju e dini shumë mirë se është e nevojshme të pritet aksioni për të shpresuar që gjaku, gjaku i këtij minerali, të marrë përsëri jetë. Është e njëjta gjë me shtetin (degët) që jo vetëm kaluan, por edhe trungun që arrihet. Është e nevojshme të pritet gjithçka që përfaqëson për të dalë përsëri në bazat që do të na bëjnë njerëzit e zgjedhur. Ajo që do të jetë në gjendje të gjejë fuqinë, nderin dhe guximin e saj. Klasa jonë e mesme është kalbur gjer në palcë. Është e dhimbshme që të kapen privilegjet vulgare që e bëjnë atë armikun më të keq të kombit shtetëror. Ai duhet të sterilizohet dhe është e pabesueshme që shefi i një strukture mund ta kthejë familjen e tij si një burbonase apo Napoleoniane, fisnike por në rënie. Vetëm puna që i jepet kombit shtetëror duhet të inkurajohet dhe të përlëvdohet nga çmimet që u jepen njerëzve për të treguar se prejardhja e marrë hua mund ende të provojë dhe të sigurojë pozitën e saj të udhëheqësit. Pas vdekjes sime, shumë prej jush që ndenjën pranë meje dhe që qenë të kënaqur të ndanin momente të jetës me mua do të thonë se unë kam qenë jashtëzakonisht inteligjent. Dhe është mirë që për këtë arsye unë e gjej veten para jush. Jo vetëm se unë jam trashëgimtari, por sepse në mua ju gjeni vlerat e paraardhësve tuaj. Rezistenca e rëndë nuk mund të bëhet në emër të kësaj klase të mesme, e cila mbart një lloj dobësie që i përfaqëson ata, këtë pjesë të shtetit që ata drejtojnë, qeverinë e grabitësve dhe ne do të përdornim krahët tona për të luftuar kundër mashtruesve për një kohë të gjatë. Klasa e mesme ishte e verbër dhe u lejua sepse ishte e lumtur të përfitonte nga një sistem që besonte të dominonte, nga të cilat ajo ishte vetëm qiramarrëse dhe nga ky fakt i cili i dha asaj fuqinë të thoshte jo borxhin bankar privat. Por ne do ta rishqyrtojmë këtë temë para fundit të vëllimit 1. Gënjeshtra ka qënë shefi i këtyre viteve që besonte në një plan Marshall i cili ishte i dedikuar për dështim, sepse ai iu përgjigj direkt shkatërrimit të tregjeve evropiane dhe kontrollit të tyre nga Shteti amerikan, gjithnjë e më i fuqishëm e më ziliqar për të shkatërruar Evropën, vetëm nga lidhjet me këta politikanë të Lindjes së Mesme. Këta teknokratë të kongresit dhe senatit, të etur për të përfituar për pronarët e familjeve nga banka e EDF. Asnjë përpjekje ekonomike nuk u konsiderua nga qeveritë e 1948-ës. Sepse qëllimi i vetëm i Evropës ishte nga njëra anë për të krijuar një sovietizëm anti-stalinist dhe në anën tjetër anti-Russo-putinizmi. E gjithë kjo me qëllim të shërbimit të Vëllait të Madh. Ju flisni për të mbrojtur kreditë vitale ekonomike dhe megjithatë ju nuk jeni gati për t'ju sakrifikuar dhe sidomos për tu sakrifikuar për këtë pasion, i cili është i vetmi për të cilin ju duhet të keni nevojë. Mos shiko se çfarë mund të fitosh apo të mendosh vetëm për shtetin, por për kënaqësinë e të qenit dhe për të qenë pjesë e kësaj familjeje që është populli ynë: Franca. Po kemi nevojë për nder për ta bërë partinë e popullit tonë, njeriu ka nevojë për gjak të paligjshëm dhe jo letra që ju japin të drejtën e vetme për t'ju bërë të harrohemi. Por është ajo që nuk e kuptuat por ne do ta bëjmë të kuptueshme për ju, duke i marrë përsëri të gjitha derisa të zhdukeni - më në fund nga bota jonë – me të cilën ju kërkoni të impononi besimet tuaja fëminore të një bote përtej së cilës nuk ekziston. Ju jeni vetëm fëmijë të padobishëm që nuk meritojnë të shohin dhe të ndiejnë dritat e jetës. Ju nuk jeni as punëtorë të kualifikuar, por mashtruesa që vini për të vjedhur të mirat tona dhe për të na larë plotësisht me forcat e përdorimit të shekullit të 21-të që ende tingëllon në kokën tuaj si ajo e 7-të. Te mirat e publikut nuk ju përkasin juve dhe ju duhet ti merrni si mallra që thirren pas një shansi që të tjerët nuk kanë, sepse nuk janë ngulmues siç jemi ne. Etiologjia juaj është prova e jo drejtimit dhe për të cilën nuk keni asgjë për të bërë në këtë luftë kundër sistemeve që ju bënin të thoshit ligjor, ndërkohë që ju jeni vetëm armiq të kombit shtetëror. Dhe ne do t'ju bëjmë të paguani çdo të keqe që keni bërë me të mirat tuaja.

15 Nëntor 2013

Zhvendosja e periferive të Republikës Çeke në Pantin. Unë isha i ftuar në Pragë dhe në Moravë, duke kaluar nga Bohemian për të zbuluar atje një peizazh të ngarkuar me imazhet e kaluara të pakënaqura nga stalinizmi i cili, si një buldozer, kishte grimcuar çdo përpjekje për të menduar ndryshe. Peizazhet ishin gjithmonë të njëjta, të ngarkuara nga historitë sovjetike dhe unë mendova për këtë imazh të mjerë të këtyre gjërave që vlejnë për asgjë, të cilat jo vetëm që shkatërruan periferitë tona për asnjë arsye, dhe për më tepër u ankua sikur nuk kishte më të mirë. Po, kjo shfaqje në Republikën Çeke të këtyre ndërtesave rusiste marksiste kundër të tjerëve nuk kanë ndryshuar dhe shumica e njerëzve të Lindjes vazhdojnë të jetojnë pa u ankuar, dhe për më tepër duke bërë gjithçka të mundshme për ti ruajtur ato pak gjëra të mbetura nga komunizmi. Po, këto qytete më të bukura se ju, megjithëse me një shumëllojshmëri të artit, i pëlqejnë këto qenie që vazhdojnë të duan e të ruajnë dinjitetin e tyre të vogël, në kundërshtim me të huajt tanë, qëllimi i të cilëve është vetëm shkatërrimi. Nëse qeveritë nuk do të bëjnë asgjë, atëherë unë do të marr përsëri në dorë të gjithë këtë sistem për ta ndryshuar atë përgjithmonë dhe sidomos për të mos parë më imazhet që rrëmbejnë televizorët në mjediset tona duke u treguar njerëzve jetesën e refuzuar. Ne duhet të fitojmë lirinë tonë brenda dhe jashtë. Ne duhet t'i japim përsëri ushtrisë një dinjitet për të ndërhyrë në të gjitha rastet dhe për të jetuar nën dominimin e pronës së përbashkët. Turistët vijnë gjithnjë e më shumë për të parë orët e lavdisë që kaluan mbi popullin tonë duke qenë të gatshme për këtë hapësirë, të cilat do të tejkalojnë kapacitetin tonë për të dhënë dobinë e ekonomisë sonë dhe udhëheqësit e kapitalizimit të ri.

Zhvendosja në Europë më mundësoi të shoh dhe të kuptoj se në cilën pike na kishin mashtruar dhe përdorur. Njerëzit e lindjes më pyetën se pse kishim kaq shumë të huaj, ndërsa gazetarët që përfaqësonin parazitët në Francë nuk e kishin këtë fjalë në gojë apo përqindjen që thoshte se ky do të ishte një indeks i krijuar me siguri nga çdo pjesë e tyre. Unë vetëm mund të përgjigjesha dhe ndihesha i detyruar të dija se ata kishin të drejtë. Po, të gjithë këta të huaj që vinin për të vjedhur bukën e fëmijëve tanë dhe të cilët në shumë raste nuk hezitonin të na pështynin nga lart. Unë jam i lumtur për këtë libër që kam shkruar duke thënë në fund, që nëse vdes, ky libër do të ishte udhëzimi i gjeneratave të ardhshme dhe se do të vinin për të luftuar e për të shpëtuar Evropën tonë. Kur u burgosa në Shtetet e Bashkuara, kuptova se e gjithë bota ishte raciste dhe shumë më tepër se ne.

Se fetë ishin vetëm një forcë politike e dhënë për të sjellë një burrë dhe një njeri në pushtet. Kam zbuluar grupe të cilat më kanë mahnitur, sepse nuk kanë dashur të humbin besimin e tyre në këtë kontinent të Evropës dhe të jenë raca ariane. Fjalë e cila ishte përjashtuar nga fjalori im, sepse kjo i bashkangjitet një kohe të përfunduar të një lufte të fundit që kishte përdorur pothuajse të gjitha simbolet vikinge, kelte, Gotike dhe nga njerëz që nuk ishin as nga fiset tona. Atëherë pse? Të gjitha këto pyetje që erdhën në kokën time që nga adoleshenca dhe nga këta njerëz që e krijuan këtë problem dhe që krijuan nga kjo një komplot të mjeruar të këtyre ndërhyrësve që u krijuan për të shkatërruar popullin tim.

Pastaj, duke më futur në burg për këto fise të gatshëm me të gjithë, por që e kishin harruar se lufta e tyre ishte në Evropë e jo në Shtetet e Bashkuara. Edhe sikur Amerika të ishte njëkohësisht vendi i dëshirave të krijimit të botës në një ishull të vogël lirie për fiset nga Evropa, të cilat kishin vuajtur tashmë nga gënjeshtrat dhe mashtruesit.

7 dhjetor 2013

Politika, rrjetet, borxhi dhe sistemi bankar. Politikanët për të cilët votoni nuk dinë më shumë se ju. Atëherë ju do të më thoni: "po, por ata kanë teknokratë që mund të gjejnë zgjidhje". Por në këtë rast, si të vazhdoni një program politik pa kompetencë? A nuk është kjo e njëjta gjë sikur të duash të rrisësh një mace pa ditur asgjë për të? Është në çdo rast një herezi e re dhe politikanët duhet të jenë njerëz të vetëm, të gatshëm për të mbrojtur të drejtën e kombit shtetëror dhe që dëshirojnë të jetojnë dhe të luftojnë për një flamur që lulëzon shumë lart me madhësinë dhe sinqeritetin e tij. Problemet e kontakteve dhe lidhjeve janë shumë më të mëdha kur e dimë se është e nevojshme që para se të bëjmë një marrëveshje jo vetëm me vendet fqinje, por me grupet që formojnë ekonominë e naftës. Politikanët arrijnë në stacione pa pasur ndonjë kontakt në politikën e botës, financiarisht dhe madje as financier. Duke pasur parasysh se ata kurrë nuk kanë udhëtuar dhe nuk dinë në asnjë rast shefat e fiseve të shtetit, etj. Për shembull, në Arabinë Saudite, protokolli i ndalon princat që të flasin me njerëz që nuk kanë të njëjtin status dhe që nuk janë muslimanë. Kështu ose ju duhet të jeni në gjendje të gjurmoni trashëgiminë tuaj gjenetike ose të keni provën e "muslimanit" tuaj. Dhe ende është e nevojshme që ajo të jetë e një fis që koncepton ëahibizmin dhe jo të varfërit e Magrebit që merren, nga mënyrat e Lindjes së Mesme, si skllevër të pazhvilluar. Në të vërtetë, nëpërmjet udhëtimeve dhe takimeve të mia, shumë i ri, falë gjyshit tim, mund të takohesha dhe të shihja se si jetonin vendet e tjera. Dhe unë natyrisht u skandalizova kur njerëzit në Europë flisnin për racizmin, ndërkohë që të gjitha shtetet e botës e jetuan atë në mënyrë krejtësisht të ndershme. Shpesh pyetjet u përplasën afër gjyshit tim. Pse të pranoni njerëz të tillë në shkollat tuaja? Dhe gjyshi im vazhdimisht përsëriti se ishte për të zhvilluar një frymë që mund të ndryshonte një ekonomi dhe një politikë të nevojshme për të kaluar kohën. Emiratet, shpesh murmuritën, dhe deklaruan krejtësisht kundër idesë që një grua mund të shkojë në një shkollë, si dhe një njeri me një kastë të ulët. Dëgjoja dhe hidhja përtej një ndjenjë urrejtjeje dhe lufte. Gradualisht kuptova se këta shefat afrikanë dhe aziatikë kërkonin vetëm interesin e tyre, ndërsa unë isha rritur me frymën për tu bërë një komb i madh përmes njerëzve të Vikingëve që gjenin vitalitetin dhe frymën e të gjithë çështjes sonë. Gjithsesi, e kisha kuptuar se sa të rëndësishme qenë rrjetet. Që nga mosha 7 vjeçare, unë ndërtova librin tim të adresave nga Los Anxhelos në Shangai, të Kulturës në politikë. Pa dijeni kam zhvilluar strategji të cilat një ditë jo vetëm që do ti përdorja për të më mbrojtur, por edhe për të trajtuar momentin e dëshiruar. Kam qenë shumë i ri kur kam marrë informacion në lidhje me borxhin dhe cilësitë e një ekonomie që ishte njohur për të shfrytëzuar interesin kundër Italisë, e cila e ka humbur atë nga varfëria e skajshme, e cila pa se shtyllat nuk mbështetën më sistemin me rënien e Murit të

Berlinit. Po, por cili sistem ishte i mirë? Që të bëhej plaçkitje nga një regjim politik në emër të një njeriu të vetëm ose të mashtruesve që krijonin një grup inteligjencie pseudonele që po shpërndaheshin në thesarin botëror nën punën e punëtorëve të kaltërt? Në të dyja rastet sistemi shkoi në shpërthim, sepse në çdo rast nuk kishte një makinë të vërtetë që të ndihmonte në krijimin e një neutraliteti. Sistemi që prej luftës së dytë botërore mori aspektet e shoqërisë sekrete, ku hebrenjtë e konvertuar donin të ishin fisnikë, në atë pikë që të pranonin çdo lloj të saj dhe duke rishkruar historinë. Dhe po. Në vetëm një klik ata kishin arritur të krijojnin ligje për veten e tyre, të tilla si ajo e vitit 1973, e quajtur ligji Pompidou ose ligji Rothschild. Si mund të siguroheni dhe ta pranoni këtë ligj dhe pse askush nuk e ka ndryshuar atë deri më sot? Cilat janë pikat e dobëta të kësaj shoqërie sekrete për të zbuluar fuqinë? Megjithatë, problemi është se nuk është e vetmja dhe se sot e gjithë Europa përgjigjet për të ruajtur interesat e veta, ku tuajat përdoren për pagimin e interesit dhe pasurimin e rreth dhjetë familjeve që nuk dëshirojnë të ndajnë asgjë me ju. Dhe kur një njeri si unë arrin dhe ata shohin që unë mund të vij në pushtet, ata përpiqen të më kërcënojnë se do më vrasin, do më hedhin në burg për të më zhdukur përgjithmonë. Po, por këtu. Ata kishin harruar një shënim me simfonin e tyre dhe i lashë të gjitha komplotet e tyre. Kuptova shumë i ri se misioni i kombit shtetëror ishte ristabilizimi i konceptit të kalorësisë. Sidoqoftë, dëshira ime nuk është të mbroj një lloj sistemi platonish, por në të vërtetë mbrojtja e këtij kombi Gotik, Kelt e Viking, i cili është formuar në këtë Evropë,dhe i cili vjen nga të dy anët e Rusisë. Fiset tona duhet të japin jetën e tyre për ta mbrojtur këtë vend dhe për ta shkatëruar armikun, për të kapërcyer dhe konsoliduar këtë ëndërr që, që nga shpellat e Lascaux, na vendos si djepin e njerëzimit. Unë nuk jam këtu për tu shtirur si cdokush dhe populli i historisë së populizmit të rimarrin zërin e pakicave dhe t'i bëjnë ata të besojnë në përkushtimin tim. Jo, unë jam këtu për të filluar përsëri kostot që i detyrohen perandorisë sonë dhe unë jam gati të vdes për këtë arsye, dhe ky fakt duhet të jetë vetëm dhe mundësi e vetme për të jetuar në këtë oqean pakënaqësie dhe të biem aty ku të gjitha vlerat tona ishin nënqeshur dhe harruar në atë pikë sa për të ditur se cilët jemi. Unë nuk kam nevojë të prezantohem apo të krijoj një histori. Ne jemi historia! Dhe vullneti për të qenë është para nesh. Ne tani duhet të jemi policia e kombit shtetëror dhe njësoj si në të kaluarën kur ne krijuam komitetet e famshme pastaj iu dhamë atyre të gjykojnë të gjitha ato që do të lënë të drejtat dhe detyrat tona.

9 *dhjetor* 2013

Fitorja e aksioneve tona dhe kthimi i liderit të kompanisë sonë në tregun botëror. Paaftësi për të zgjidhur problemet. Ju të gjithë jeni të përkulur për ekstremet ose lindorët të quajtur centristë apo mobilitete të tjera ku mund të keni sukses. Sepse shumë parazitë u shfaqën kur ju u përpoqët të kujdeseshit për grupe që mund t'ju jepnin një opinion. Ende ka nevojë për një të vërtetë dhe akoma më shumë një shkak për të gjeneruar pavdekësinë e një lëvizjeje.

Unë ju flas për t'iu përmbajtur një partie që përfaqëson zyrtar-isht të gjithë atë që ju jeni dhe kush ju jep gjithçka që dëshironi të ndani. Unë nuk ju propozoj të jeni pjesë e një lëvizje, por e një familje ku të gjithë ne do të jemi një lidhje për t'i dhënë kombit tonë shtet një imazh të ri. Mos harroni se çfarë jemi, edhe nëse i keni marrë të gjitha që nga lufta e dytë botërore një përkufizim i ri i Historisë. Ju e dini, në fund, se diçka nuk del keq dhe se nuk korrespondon me vlerat që më parë të kryheshin nga këta gjyshër që përfaqësonin një moment lirie dhe gëzimi. Mëngjiret he druidet tona janë aq shumë shanse saqë janë në gjendje të shkojnë lart në këtë front ë pastër i cili ka pritur për një kohë të gjatë këtë kalorës luftarak i cili, duke pasur frikë nga asgjë, donte të shihte në ju këtë fat të jashtëzakonshëm nderi dhe guximi. Komedia zgjati mjaftueshëm dhe është koha për t'i dhënë fund asaj. Ne duhet të marrim përsëri armët dhe t'i vëmë të gjitha gjërat në rend për rendin evropian. Kjo federatë e zonave ku të gjitha kulturat, gjuhët dhe traditat tona do të respektohen dhe dëgjohen. Por edhe për të dhënë më shumë me zonat tona këtë ngjyrë lokale që të gjithë na kanë zili. Nuk kam asgjë kundër të huajve, pasi ata janë të huaj. Momenti i mirësisë së Vikingëve u zhduk dhe unë nuk dua të bëj më koncesion për të. Është e domosdoshme që të merren përsëri të gjitha pasuritë dhe të gjitha mallrat e këtyre mashtruesve dhe t'i dënojnë ata në përjetësi, në burgje ku atyre u jepet vetëm bukë dhe ujë, pa asnjë mundësi për të komunikuar me jashtë. Erdhi momenti kur profecia e Nostradamus duhet të kryhet. Ky princ i veriut do të rrisë armët e tij nga lindja në perëndim. Ai do të rindërtohet duke u fshehur pas të tjerëve duke i dhënë përsëri secilit ekzistencën e tij dhe do të mbrojë përgjithmonë këtë perandori e cila do të mbetet deri në fund të jetëve. Erdhi momenti për të dëgjuar se Lufta e Dytë Botërore ishte vetëm fillimi i luftës së tretë dhe se tregtarët besonin se do ta fitonin ende këtë luftë, atëherë cili do të jetë shkatërrimi i plotë, marrëveshjet e tyre të bëra me gjeneralët e imponuar në vendet publike. E gjithë ekzistenca juaj, madje edhe sot, keni parë politika groteske dhe gazetarë që t'ju japin një kuptim të botës, të botës së tyre, në ato apartamente të klasës së mesme, me dëshirën përfundimtare të zotëriumit joproporcional. Ne kemi përpara armiqve dhe ne duhet të heqim disa shpenzime që kushtojnë. Të gjitha fraksionet e armatosura që përfaqësojnë Evropën të cilat ishin në mërgim do të kthehen për të marrë përsëri atdheun tokësor së bashku. Ky terren e cila në dorën time ka ngjyrë të zezë dhe së shpejti do të jetë e kuqja e gjakut për të shkatërruar një malinje dhe për të shpëtuar frytet e fshatarëve, të cilët gjatë gjithë jetës së tyre punuan shumë për të parë rritjen e kësaj peme të fortë dhe të dobishme. Armiqtë janë kundër nesh që nga viti 1945, nga frika se shohim perandorinë tonë të vërtetë duke e rindërtuar veten pa ta. Dhe ata kanë të drejtë. Ne në asnjë rast nuk kemi nevojë për ta. Kur mendoj për të gjithë këta liderë që vijnë nga familja ime, të cilët mund të japin aq shumë liri për njerëzit që nuk mund të falënderojnë dhe që kemi arritur në konfrontim përfundimtar. Po, rezultati është i pranishëm dhe të gjithë ju duhet të luftoni me dimensionet tona për të mbrojtur vlerat e mëparshme kundër armikut që e shpalli veten. Mos harroni se si mund ta ndiqni partinë dhe atë që mund t'i jepni për t'ju mbledhur nën një protokoll ushtarak dhe një emblemë e cila përhapet gjithandej nën zhurmën e borive. Nëse koncepti për të qenë, është i vështirë për t'u definuar në praktikë, dallimet e klaneve na japin mundësinë të na ribashkojnë me të njëjtin gjak për të luftuar në të njëjtën mënyrë. Solidariteti i çdo individi që ruan karrierën përcaktohet në besimin, drejtimin e vetëm një vullneti. Është skandaloze të shohësh se sa njerëz ecin sot me fjalën "racistë" në fytyrat e tyre dhe sa njerëz kanë një dizajn të rremë personal të këtij koncepti, duke e përshtatur atë në një sistem të kompletuar që dëshiron të besohet imorale. Racizmi nuk kërkon të thotë asgjë. Ky është thjesht reflektimi i politikanëve shumë më keq se sa dikush dëshiron apo kërkon, duke u fshehur nëpër fjalë që i bëjnë ata të thonë horror. Kjo thirrje e pafund e Luftës së Dytë Botërore dhe tmerreve të saj është vetëm një fushatë denoncimi, një mënyrë për të besuar në një supozim jo shumë të mundshëm. Dhe në çdo rast, a e shihni një luftë të Napoleonit në dashurinë dhe dehjen e ndjenjave që njeriu mund të kishte pasur për të ardhmen? Të gjitha doktrinat fetare donin të pranonin se njeriu ishte më inteligjent sesa kafsha, pra më pak dashakeqe, gjë që nuk është absolutisht e vërtetë. Si mund të lëmë në jetë njerëz që vjedhin çdo ditë dhe nuk dënohen? Erdhi koha që të dalë e vërteta dhe të denoncojmë të gjithë mashtruesit, t'i kapim të mirat e tyre dhe t'i shkatërrojmë përgjithmonë familjet, kështu që askush nuk do mund të kthehet. Fitorja jonë, është një pikë përcaktuese e një politike militante ku secili dëshiron t'i japë atdheut tonë me koston e gjakut të tij. Dhe unë do të jem i pari që do e bëj. Për të rishkruar në mishin tim simbolin e admirimit tonë me frymën e dragoit. Ne jemi edhe një herë në kërkim të Graalit që në fund të jetojmë në paqe me bindjen tonë brenda territoreve tona. Një terren, një shef, një ligj. Ne jemi tashmë fitimtarë, sepse ata kanë frikë prej nesh. Ata e dinë se unë nuk do të bëj ndonjë lëshim si bën të tjerët para meje. Nuk do të ketë as mëshirë e as keqardhje për këta qen të cilët e kanë humbur atë. Gjykata e Komitetit public do ti shkojë deri në fund kësaj cështjeje. Ne do ti zhdukim për herë të fundit nga kjo botë këta malinje, që do të shohin reflektimin e dehjes kur ne të jemi vetvetja: vikingët, keltët, gotikët.

Për Autorin

Jarl Alé de Basseville

I lindur më 8 korrik 1970 në një familje aristokrate të lidhur me industrinë e tregut, ai u trajnua nga një bord jezuitësh nga Franca dhe Helvetia. Princi i kësaj Normandie në Exilei adreson fjalimin e tij për fiset vikinge, Kelte dhe Gotike që kërkojnë një shpjegim më të thellë në traditat, identitetet dhe kulturat e tyre. Kjo qeveri në mërgim kërkon në mënyrën e saj faktin e të qënit qeveri e justifikuar, qëllimi i të cilave është rikuperimi i pushtetit në vendin me të cilin ai i referohet, për t'u kthyer tek populli i tij: kjo është vetëm detyra e tij.

Jarl Alé i Basseville është gjithashtu një artist dhe një fotograf i arrirë. Gjatë karrierës së tij, ai ka qenë pranë artistëve më të njohur si Andy Warhol, Lucchi Renato Chiesa, Jane Fonda, Tom Cruz, Lugina Kilmer, Brad Pitt, Michael Jackson dhe Marilyn Manson. Më 31 korrik 2016, ai krijoi një tërmet të vërtetë politik të famshëm e ndërkombëtar, duke rënë dakord të publikonte fotot që ai kishte marrë nga Melania Trump, lakuriq, në New York Post në një nga gazetat më të fuqishme amerikane konservatore republikane.Njësoj si Kalorësit e Tryezës së Rrumbullakët, Jarl Alé de Basseville ndjek rrugën e tij në këtë tokë të huaj në kerkim të Gralit i cili do ti rikthejë shpresën botës. Nëpërmjet fjalëve të tij, ai vazhdon tu bërtasë atyre që na drejtojnë, me qëllimin e vetëm për të rivendosur ekuilibrin në botën tonë: "udhëheqësi duhet të jetë çimentoja e besimit të bashkatdhetarëve të tij dhe të pranojë këtë detyrë që i është dhënë: komb në rangun që ai meriton ".

Notes

STUDIMI DHE VITET E VUAJTJES

1   Ishte në këtë kohë që sytë e mi u hapën për dy rreziqe që mezi i njihja dhe emrat e të cileve nuk i kisha vënë kurrë në dyshim për rëndësinë e tmërrshme që kishin, për ekzistencën e popullit Viking, muslimanët dhe komunistët.

www.ingramcontent.com/pod-product-compliance
Lightning Source LLC
Chambersburg PA
CBHW071222290326
41931CB00037B/1856